2024

九星別 ユミリー風水

四緑木星《しろくもくせい》

直居由美里

大和書房

風水は人が幸せに生きるための環境学

人は地球に生まれ、その地域の自然環境と共存しながら生き、生涯を終えます。その人の生涯を通して、晴れの日や嵐の日を予測しながら幸せに生きていくための環境学が風水です。

人は〝宿命〟という、生まれながらにして変えられない条件を背負っています。自分では選べない生きるうえでの条件なのですが、二十歳《はたち》頃から自らが社会に参加し生きていくようになると、宿命を受け止めながら運命を切り開くことになるのです。

そうです。運命は変えられるのです。

「一命《いちめい》二《に》運三風水《うんさんふうすい》四《し》積陰徳《せきいんとく》五《ご》唸書《ねんしょ》」という中国の格言があります。人は生まれてから、自らが自らの命を運んで生きている、これが運命です。風水を取り入れることでその落ち込みは軽くなり、運気の波は上り調子になっていくのです。そして、風水で運気が上昇していく最中でも、人知れず徳を積み（四積陰徳）、教養を身につける（五唸書）努力が必要であることを説いています。これが本当の幸せをつかむための風水の考え方です。

出会った瞬間からハッと人を惹きつけるような「気を発する人」はいませんか？「気」とは、その人固有の生きる力のようなもの。自分に適した環境を選べる“磁性感応”という力を持っています。

本書で紹介している、あなたのライフスター（生まれ年の星）のラッキーカラーや吉方位は、磁性感応を活性化させてよい「気」を発し、幸運を引き寄せられるはずです。

CONTENTS

２０２４年はこんな年

若々しいパワーに満ちる1年

２０２４年は三碧木星《さんぺきもくせい》の年です。20年間続く運気のタームである、第九運の始まりの年にもなります。

これからは新しい生活環境や働き方をはじめ、世の中のシステムが見直されていきます。２０２４年は三碧の象の力強い若い力をあらわし、若者の行動や新規ごとに注目が集まりそう。新しい情報や進歩、発展、活発、若さなどがキーワードになります。

若者がニュースの主役に

九星の中で最も若々しいパワーを持つ三碧ですが、未熟さ、軽率、反抗的な行動なども要素として持っています。よくも悪くも10代の言動が、社会を驚かせることでしょう。安易な交際や性犯罪の話題があるかもしれません。

草木は発芽するときに、大きなエネルギーで固い種子の皮を打ち破ります。そのため、爆発的な力を持っていることも２０２４年の特徴です。

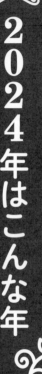

新しい価値観がトレンドを生む

子どもの教育やスポーツにも関心が集まります。大きなスポーツ大会では、若い選手たちの活躍が期待できます。また、ＡＩを駆使した音楽もつくられていくでしょう。コンサートやライブなどの音楽イベントもＩＴ技術によって、新しいスタイルが定番となります。若い男性ミュージシャンや評論家、ボーイズグループも目立ち、ソロ活動する人にも注目が集まるでしょう。

ファッションも、若者たちの感性から、新しい素材やユニセックスを意識したスタイルが生まれます。

言葉によるトラブルに注意を

三碧には言葉や声という象《しょう》意《い》もあります。若者特有の言葉や造語が流行語になります。また、詐欺や嘘が今以上に大きな社会問題になる可能性が。地位ある人や人気者が失言により失脚することもあるでしょう。

ガーデニングなど花にかかわる趣味やイベントが注目を集めます。風水では生花はラッキーアイテムのひとつですが、特に２０２４年は季節の花を欠かさないようにしましょう。また、新鮮、鮮度も三碧の象意。初物や新鮮な野菜を使ったサラダがおすすめです。

2024年

四緑木星のあなたのラッキーアイテム

木のエネルギーを象徴する四緑木星は木のアイテムが基本。
2024年は高級感のあるものをプラスして。

バッグの中身

水色の名刺入れ

水色も今年のラッキーカラーのひとつ。仕事をサポートする水色のカードケースで運気を上げましょう。自然素材で、高級感のあるものを選んで。

乳白色の香水瓶

白は2024年のラッキーカラー。乳白色の香水瓶を持ち歩き運気アップを。グリーン系のさわやかなフレグランスをまとい、颯爽と歩いて。

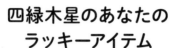

香りや質感にこだわり 水色や乳白色を取り入れて

インテリア

扇風機やサーキュレーター

樹木や吹き渡る風を象徴する四緑は、風を起こすものがラッキー。扇風機やサーキュレーターで、空気の流れをスムーズに。

紙のポスター

紙製品は四緑のラッキーアイテム。今はプラ素材のポスターもありますが、紙のポスターのあたたかみを楽しんで。

A MESSAGE TO YOU

四緑木星のあなたへ

木のエネルギーを象徴する四緑 2024年は仕事で評価を得る結実運

四緑木星は自然界の樹木や風、季節でいえば初夏を象徴します。森林浴が人の心を癒《いや》すように、人間関係を広げていく才能があります。コミュニケーション能力にすぐれ、たくさんの人に受け入れられる社交家です。第1章の「四緑木星の自分を知る」を読めば、あなたがまだ気づいていない隠れた力がわかります。

2024年の四緑には結実運がめぐります。これまでの努力が実を結び、仕事など社会活動での評価を得られるとき。周囲のサポートもあり、物事がスムーズに運びます。チームワークを大切にすると、さらに発展するでしょう。仕事が忙しく充実するので、ついつい無理をしがちです。オンとオフを上手に切り替え、心身を休息させるようにしてください。休日にはアートに触れたり美しい景色を眺めたりして、感性を磨くといいでしょう。あなたの糧《かて》となり運気を支えます。

年齢別 四緑木星の2024年

19歳　2005年生まれ／酉年

若々しいエネルギーに満ち、充実した1年になるでしょう。これからの人生を決定するような有意義な出会いも待っています。しっかりと自分の意志を持ち、可能性を追い求めていってください。

28歳　1996年生まれ／子年

リーダー役をまかされ、実力を発揮できます。上司からの評価も得られるでしょう。慢心して周囲への気配りを忘れると信頼を失い、成果を手にすることができなくなります。優柔不断も封印し、チームのまとめ役を志すこと。

37歳　1987年生まれ／卯年

ヘッドハンティングのオファーがあるかもしれません。見栄を張り自己評価を上げると、チャンスを生かせなくなるので注意しましょう。また、家族や友人が反対する話なら、慌てて結論を出さず、多方面からリサーチを。

46歳　1978年生まれ／午年

仕事に追われ、プライベートな時間を持つことができません。家族や恋人との関係に安心して、大切な人たちをないがしろにしないように。順調なときほど甘えず、確実に前進することが大切です。

年齢別 四緑木星の2024年

55歳　1969年生まれ／酉年

本質を見極める力が運気を左右します。今までの知識をブラッシュアップし、新しい感動や刺激をキャッチしてください。それが仕事やプライベートを、より豊かにしてくれます。寄付など人のためにお金を使うと、さらによい気を呼び込むことができます。

64歳　1960年生まれ／子年

新しい動きから、セカンドライフのきっかけをつかめそうです。そのための資金作りや自己投資が必要になってきます。借金で資金調達することはおすすめできません。どんな状況にも対応できるように考えてください。最新の情報をキャッチする努力を怠《おこた》らないで。

73歳　1951年生まれ／卯年

グルメやレジャーが楽しめます。いつもより少しアップグレードさせると、新しい出会いに恵まれそう。それが心のゆとりを生み、さらに有意義な人間関係につながります。お金はあるだけ使ってしまいがちなあなたですが、予算を立てて意味のある使い方を心がけて。

82歳　1942年生まれ／午年

過去の実績をアピールすると、周囲から不協和音が聞こえてきます。自慢話はほどほどに。同窓会に出席するときは、おしゃれをして出かけましょう。ブランド品はさりげなく取り入れて。気持ちが浮き立ち、華やかなオーラに包まれ、注目の的になりそう。

第1章

四緑木星の自分を知る

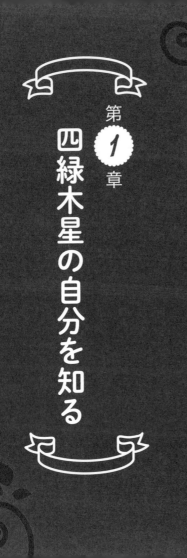

四緑木星はこんな人

ラッキーカラー　ペパーミントグリーン、青、黄緑、銀色、白

ラッキー方位　南東

気遣いで生きる穏やかな社交家

四緑木星はたくさんの高木が集まる森の木。森全体で風を受け止める協調性を持つように、従順で穏やかな性格で、人付き合いのよさは抜群。周囲とうまくやっていくことが上手な社交家です。でも、人との争いごとを避けるために他人に合わせがち。そのため八方美人といわれることもあります。でも、気にせずに、そうしたさまざまな人間関係から得た信用、そして周囲に引き立てられることを自分自身の成長につなげてください。成長した樹木の太い幹のように確固たるスタイルを持っていると思わ

れますが、周囲に左右される優柔不断な面も持ち合わせています。

他人に尽くすことを苦労と思わないため、人を信用しすぎて、結果手痛い目に遭遇《そうぐう》することも。他人には厳しく対応できないのが四緑木星のよさであり、弱さです。やさしい四緑木星ですが、実は身内には厳しいという面も。親しくなるにつれて相手に冷たく接するようになりますが、それは相手を信用しているという証《あかし》でもあります。

ラッキーカラーはペパーミントグリーン、ラッキー方位は南東

右ページにあるラッキーカラーとは、一生を通してあなたの運気を助ける守護色です。色のパワーがあなたに働きかけ、あなたの発する気をよいものにします。住まいのインテリアや洋服、持ち歩くものに取り入れるようにしましょう。また、ラッキー方位とは自然界のよい気が自分に流れてくる入口のようなもので、住まいの中で大切にしたい方位です（48ページ参照）。四緑木星のラッキー方位は南東なので、住まいの南東が汚れていると邪気のまじった気を受けることになります。ですから、いつもきれいにしておくことが大切です。また、南東を枕にしたり、南東を向いて座ったりすることは、あなたの内側から湧いてくる力を高めてくれる効果もあります。

四緑木星の 人生

気遣いで築いた人脈の信用が活躍の鍵

成長した樹木は充実や成熟をあらわすので、若い頃から活躍して名を上げることができます。まじめさと人あたりのよさをかわれて、実績を積み上げていき、立場に関係なく、多くの人からかわいがられます。太い幹のようなきちんとした自分のスタイルを持っているので、早くから目標とするものを持ち、それに向かって努力することを惜しみません。ただし、風にゆれる樹木のごとく右へ行ったかと思えば左に動くというように、考えが定まらず決断力に欠けるところもあります。

中年期に入ると、若い頃の実績をベースに活躍の場を得ます。ですが、もともと自己主張が強いタイプではないので、物事をあいまいにしたり一度決めた決断をくつがえしたりしがち。中年期は決断力や筋の通った行動力によって評価されるので、こうした面が出ると運気を下げることになります。ふんばりが試されるのはこの時期といえるでしょう。世話好きな性格は、人からの信頼を得る大きな武器です。中年期以降は後輩の相談役やサポート役として活躍の場を得るでしょう。

社交家である四緑木星は、豊かな人脈や信用によって運気を上げていける星。ただし、周囲から好かれたいという感情が強すぎると、本来持っている優柔不断さや八方美人的な面がマイナスに働き、器の小さい人ととらえられてしまいます。人付き合いにおける価値観を明確にしておくことが大切でしょう。

積み重ねた信頼関係を大切にして一生の幸せを得る

人生は今の経験が積み重なってできあがっていくもの。浮かれず、落ち込まず、長い目で人生を見渡しながら年齢を重ねることで高めていく運気を、晩成運といいます。よりよい晩成運の波にのるためには、自分の人生が遅咲きか早咲きかを知り、人生の基盤を強固にしていくべきです。従順な性格である四緑木星は早咲きの星です。

八方美人で周囲のためには自己犠牲を厭《いと》わないのですが、そのせいで開花した才能を生かせない人もいます。周囲からのアドバイスは自分の意思で選択しましょう。自分の個性を抑えてまで人に合わせようとすれば、不安定な晩成運になります。周囲には安易に迎合しないで、筋の通った行動を心がけましょう。また、若い頃から築きあげた幅広い人間関係は、大きな財産となって晩成運を支えます。

四緑木星の 金運

金銭に執着なしの交際費がかかる貯蓄下手

吹く風のように気ままでのんきな面を持つ四緑木星は、お金にはあまり執着がありません。お金を貯めることにもあまり関心が向きません。金銭面では計画性に乏しく、宵越《よいご》しの銭は持たないタイプです。とはいえ、お金には不自由しないという恵まれた星です。お金に困ったときも、誰かが助け船を出してくれることで難なく乗り切っていけます。生来の社交家でどんどん人との交流を増やしていくため、交際費の出費は半端ではありません。人脈づくりにかかる出費は多いのですが、金銭的な危機を助けてくれるのも人脈。そのために出費するのが開運の鍵です。

お金に関しては大雑把《おおざっぱ》すぎるので、事業家には向きません。老後も金銭的に不自由なく過ごしていくためには、金銭感覚にすぐれたパートナーをみつけるようにしましょう。現金を手元に置くとすべて人付き合いに消えていってしまうので、無理なく貯蓄するためにも天引きの積み立てが有効です。お人好しなので人を信用してお金を貸したり、出資したりしてだまされることがあります。十分に気をつけてください。

四緑木星の 才能・適性

営業、スポーツ、芸能の早咲きの職業で実力発揮

どんな環境にもなじんでいけるので、分野に関係なく活躍できますが、社交性にすぐれているあなたの才能は、営業職で開花します。どんな状況でも臨機応変に対応して業績をあげることができます。柔和な性格なので、どんな人からも敵意を抱かれることはなく、困ったときもさまざまなバックアップを得て、活躍していくことができるでしょう。周囲との対立を避ける傾向にありますが、仕事で成果を出していくためには、議論や多少のごり押しも必要です。でも、協調性にすぐれているあなたですから、きちんと話せば周囲も納得して意見に耳を貸すはずです。注意したいのは、決断力に欠ける点です。キャリアを積むということは、自ら決断すべきときが増えるということ。決断力を身につけることが昇進のチャンスを増やすことにつながります。

世話好きでサービス精神も旺盛《おうせい》な四緑木星に向く職業は、スタイリスト、アパレルバイヤー、エステティシャン、ネイリスト、ウェディングプランナー、建築家、レポーター、メイクアップアーティスト、人気運が必須のスポーツ、芸能界です。

四緑木星の 恋愛・結婚

八方美人な恋愛に流されず 結婚は冷静に

明朗な人柄なので男女ともに人気者。行き届いた気配りのできる人でもあるので、恋愛運は上々です。穏やかな雰囲気をかもし出してはいますが、恋愛関係になると、隠されていた情熱的な面が浮上し、周囲を驚かせることも。お人好しのため、情に流されやすいところがあるので、一時の感情に流されてしまうと後悔します。周囲に好かれたい願望が強く、八方美人的に振舞う傾向があるので、異性に誤解を与えかねません。本命の人には、冷静で慎重な対応でのぞむことが恋を成就《じょうじゅ》させるポイントです。

付き合いが長くなると安心して、相手に対しての気遣いがなくなり、冷たい面を見せがちです。相手を将来のパートナーにしたいなら、思いやりを持たないとうまくいきません。四緑はだまされやすい反面、周囲が驚くような玉の輿にのる可能性もあります。ただし、結婚しても異性からモテたいという思いが強いので、不倫に走ってしまう人も。別れを決めてもなかなか縁を断ち切ることのできない人が多いのも、この星です。それは決断力に欠ける性格が原因。縁がないなら早めに見切りを。

四緑木星の 家庭

身内に厳しい気分屋な家族愛の持ち主

小さい頃から愛情に恵まれ、家族内でのトラブルに悩まされるということは少ないでしょう。親元から独立しても、物心《ぶっしん》両面で両親からのサポートが得られるはず。でも、それはあなたがとても親孝行者だからです。たとえ意思に反して親元を離れることがあっても、新しい環境でうまく順応していくことができます。困ったときには支援者が必ず現れ、あたたかい愛情を注いでくれます。あなたが長女なら、家族の面倒をみる立場に立つことになるかもしれません。

結婚後の家庭もとても大切にする人ですが、外で気を遣いすぎてしまい、家では無関心になりがちです。家族にはそれを理解してもらう努力が必要でしょう。男性は外《そと》面《づら》がよく、家族サービスをまめにするほうではありませんが、違う形で家族に愛情を注ぎます。女性は良妻賢母タイプが多く、内助《ないじょ》の功《こう》で家庭を上手に切り盛りしていきます。相続問題に悩まされることがあったら、家族が助けになります。ひとりで解決しようとしないで、信頼できる人に相談するようにしてください。

幸運をもたらす

人間関係

相手のエネルギーを力に

人には持って生まれたエネルギーがあり、それを象徴するのがライフスターです。人間関係においてはそのエネルギーが深く関係します。１１３ページから紹介するライフスター同士の相性というのはそのひとつですが、これとは別に、あなたに特定の幸運をもたらす相手というのも存在します。それをあらわしたのが中央に自分のライフスターを置いた左の図です。それでは、どんな関係かを見ていくことにしましょう。

運気を上げてくれるのが八白土星《はっぱくどせい》。これはともに働くことであなたに強運をもたらしてくれる相手。あなたの運気を助けてくれる人でもあるので、一緒に長く頑張っていける関係です。お互いプライベートなことは詮索《せんさく》しないで、一定の距離感を持った付き合いをすることです。

やる気を引き出してくれるのは一白水星《いっぱくすいせい》。あなたにハッパをかける人でもあり、この人に自分の頑張りを試されるといってもいいでしょう。九紫火星《きゅうしかせい》はあなたに精神的な安定を与える人、五黄土星《ごおうどせい》は名誉や名声を呼び寄せてくれる人です。よくも悪くも

名誉を与える 五黄土星	安定をもたらす 九紫火星	蓄財をサポートする 七赤金星
お金を運んでくる 六白金星	自分の星 四緑木星	チャンスを運ぶ 二黒土星
やる気を引き出す 一白水星	運気を上げる 八白土星	新しい話を持ってくる 三碧木星

＊この表は、星の回座によりあらわし、北を上にしています。

新しい話を持ってきてくれるのが三碧木星《さんぺきもくせい》です。それに合わせて、今までにない新しい交友関係ももたらしてくれます。

金運は六白、二黒、七赤

金運をもたらす関係といえるのが、お金を運んでくる六白金星《ろっぱくきんせい》、実利につながるチャンスをもたらす二黒土星《じこくどせい》です。仕事のクライアントや給与を支払ってくれるのが六白の人なら、経済的な安定をもたらしてくれます。二黒は仕事の話や自分にはない人脈を運んできてくれる人です。

また、蓄財のサポートをしてくれる七赤《しちせき》金星《きんせい》は、財テクや貯蓄プランの相談役として心強い相手です。

9タイプの四緑木星

性格は生まれ月で決まる！

生まれ年から割り出したライフスターは、生きていく姿勢や価値観などその人の本質を強くあらわします。でもその人となりの形成には、ライフスターだけではなく、生まれ月から割り出したパーソナルスターも深く関係しています。

パーソナルスターからわかるのは、性格、行動など社会に対する外向きの自分。下の表からみつけてください。たとえば、あなたが四緑木星で11月生まれならパーソナルスターは八白土星。四緑の本質と八白の性質を併せ持っているということです。

自分のパーソナルスターをみつけよう

ライフスター／生まれ月	一白水星 四緑木星 七赤金星	三碧木星 六白金星 九紫火星	二黒土星 五黄土星 八白土星
2月	八白土星	五黄土星	二黒土星
3月	七赤金星	四緑木星	一白水星
4月	六白金星	三碧木星	九紫火星
5月	五黄土星	二黒土星	八白土星
6月	四緑木星	一白水星	七赤金星
7月	三碧木星	九紫火星	六白金星
8月	二黒土星	八白土星	五黄土星
9月	一白水星	七赤金星	四緑木星
10月	九紫火星	六白金星	三碧木星
11月	八白土星	五黄土星	二黒土星
12月	七赤金星	四緑木星	一白水星
1月	六白金星	三碧木星	九紫火星

月の初めが誕生日の場合、前月の星になることがあるので携帯サイト（https://yumily.cocoloni.jp）で生年月日を入れ、チェックしてください。

9 パーソナルスター別 タイプの四緑木星

パーソナルスターは一白から九紫まであるので、同じ四緑でも９つのタイプに分かれます。パーソナルスターも併せて見たあなたの性格や生き方は？

一《いっ》白《ぱく》水《すい》星《せい》

四緑の木と一白の水という癒し系の気を持つ人気者。人のために労力や時間を費やすのは苦になりません。来る者拒まず、去る者追わずと、人への執着は比較的薄いほうです。ふわふわとしているので、所在なげに見えてしまう面も。外にはやさしい面を見せますが、近しい人への愛情表現は苦手です。

二《じ》黒《こく》土《ど》星《せい》

穏やかな雰囲気を持ち、安定感のある人です。周囲への気配りが上手なので、好感度も高いはず。平和主義者なので、どんな場面でも争いごとを避けるように振舞います。サービス精神が旺盛なので、気づかないうちに精神的に疲れてしまうことも。たまにはひとりの時間も大切にして。

三《さん》碧《ぺき》木《もく》星《せい》

さわやかな印象を与える人で、周囲からの信頼も厚い人です。社交性が高く、会話でぐいぐいと人の注目を集めるタイプです。穏やかそうに見えますが、目標を持ったらそれに向かって努力を惜しみません。好きなものがあると周囲が見えなくなるという面も持ち合わせています。

四《し》緑《ろく》木《もく》星《せい》

成長した木のエネルギーがパワーアップし、自己中心的な面が強く現れます。自分のペースで人を巻き込みながら物事を進めていくタイプです。かと思えば、人あたりがよく、情に厚くお人好しな面があるので、周囲はとまどってしまうことも。人に頼まれると嫌とは言えません。

五《ご》黄《おう》土《ど》星《せい》

性格的な強さを見せる反面、決断の場面になるとなかなか決めることができないタイプ。周囲から好かれたいという思いが強いので、誰にでもいい顔をする傾向が。とはいえ、人への執着は強くないので、交友関係はあっさり。自分が心地いいと思える場所をみつけるまで、あちこち飛び回ります。

六《ろっ》白《ぱく》金《きん》星《せい》

活動的でどんな困難にも負けず、自分の道は自分で切り開いていける人です。自分を助けてくれるのはお金ではなく人脈と考える人が多く、たくさんのサポーターに恵まれます。交友関係はとても華やか。でも、人付き合いにおいては、情が厚くお人好しな性格で苦労することもあります。

七《しち》赤《せき》金《きん》星《せい》

周囲の注目が自分に集まることでやる気が出るタイプです。要領よくなんでもこなすことができますが、集中力に欠けるところも。むらっけが多く、あちこちに自分の興味が移ってしまうほうです。飽きっぽさが、わがまま、身勝手という周囲の評価を招いてしまうことがないよう注意が必要。

八《はっ》白《ぱく》土《ど》星《せい》

堅実で落ち着いているように見えますが、飽きっぽい人。根気強くひとつのことに取り組むのは苦手なタイプです。一見とっつきにくい印象を与えますが、実はやさしくとても穏やかで、相手を受け入れる度量の広さがあります。べたべたした人間関係は好まないクールなところも。

九《きゅう》紫《し》火《か》星《せい》

自分の力で自身を輝かせることができる人です。得意分野を極めることで才能を発揮できるタイプ。エネルギッシュで活動的なのはいいのですが、闘争心が強いほうなのでそれがトラブルを招くこともたびたび。自由気ままな状態を求め、人に束縛《そくばく》されるのは好きではありません。

第2章
四緑木星の2024年

2024年の全体運

2024年2月4日～2025年2月2日

社会的地位に恵まれる幸運期

四緑木星にめぐってくるのは、9つの運気の中で一番仕事運に恵まれる結実運です。結実運は社会的地位が高まる運気で、あなたの意志とは違っていても、運気に忙しく動かされます。コミュニケーション能力を発揮して、いろいろな人たちと言葉でつながりましょう。

また、何気ない願望が具体的な形になりはじめます。忙しさを実感したら、それは運気の波にのっている証拠です。公私ともに忙しくなるときほど、たくさんのチャンスが訪れます。それを逃さないようにしましょう。仕事であればキャリアアップ、プライベートならマイホーム購入や結婚が現実となるでしょう。

実力より少し高めに目標を設定し、それに近づく努力をすると高い評

2024年の吉方位　南西

2024年の凶方位　北、南、東、西、北東、北西、南東

価を得られます。困難な問題にも果敢にチャレンジし、責任ある態度を貫けば新しいフェーズに入ることができます。２０２３年は静かに過ごしパワーを充電してきたので、存分に活躍できるでしょう。

２０２４年は先輩や上司と信頼関係を結ぶことが開運の鍵になります。また、チームワークも成功の必須条件のひとつ。もともと目上の人に愛されるあなたですから、よい気を引き寄せるでしょう。

最後まで慢心せず、自分に甘えないこと

リーダー的な立場になることが多くなるため、それぞれの個性を認め、生かすようにしなければなりません。信頼関係があると安心して、甘えがちなあなた。冷たくなったと誤解されると、物事がスムーズに進まなくなります。また、きちんと意思表示をしないと、都合よく使われてしまいます。八方美人的な振舞いはリーダーとしての資質に疑問を持たれる可能性もあります。

気配り上手なあなたですが、やさしさの押しつけにならないように注意しましょう。また、他人のプライベートにまで口を出してはいけません。

2024年の金運

お金を生かすことが重要

目上の人や上司からの引き立てや、社会的な活動のリーダーになることがお金を生み出す原動力になります。チャンスを逃さないようにし、エネルギッシュに動くようにしましょう。そのためにもスキルアップを目指し自己投資することが、さらなる金運アップにつながります。

特に２０２４年は、手にしたお金を全部貯めようとせず、上手に使うことが大切です。お金は世の中を旅して大きく成長していくもの。あなたが使うお金は、社会の中で循環し、あなたの元に帰ってきます。自己投資だけでなく寄付や新しい才能をサポートするためにも、あなたのお金を生かしましょう。

また、目的を決めた計画性のある貯蓄や投資をすると、期待通りの成果が得られるでしょう。ただし、さまざまな情報に振り回され、よく検討もせず新しい投資法に飛びついてはいけません。２０２４年は家の中心から見て東の方角をきれいにし、床に段ボールや古新聞などを置かないこと。余分なものが置いてあると、重要な情報が家に入る邪魔をします。

一攫千金《いっかくせんきん》をねらうと大損をする結果に。お金はあればあるだけ使ってしまうあなたですが、無頓着に出費を重ねていると、意味なくお金が流れ出てしまいます。

誰にでもいい顔をすると、運気がダウン

仕事関係を始めとして、人付き合いが活発になります。そのための費用は必要経費だと考え、予算をプールしておきましょう。ただし、見栄を張らないこと。誰にでもいい顔をしていると、社会で育たないお金を使うことになります。マネー管理は家計簿や小遣い帳、アプリなどを活用して収支を記録することが大切です。キャッシュレス決済も支払内容や残高の確認を怠らないようにしてください。

過去にこだわると金運がダウンします。遠方にいる古くからの友人に借金を頼まれても断ること。ビジネスシーンでも後ろを振り返らず、前だけを見るようにしましょう。ポジティブマインドで前進してください。

言葉の行き違いは大きなトラブルのきっかけになります。きちんと伝える努力を惜しまないことも大切です。

2024年の仕事運

高めのハードルもクリア可能

職場での活躍が周囲の注目を集め、忙しくなります。仕事に関して受け身でいてはいけません。努力家の長所を生かし、たとえ実現不可能だと言われても諦めないで。難関を突破するために、足りないものを埋める努力をしましょう。それが新しい可能性につながります。

ただし、周囲に共感してもらえるようなアプローチを心がけること。周囲の動きを常に心にとめ、問題を先延ばしせず、言われる前にアクションを起こす姿勢が重要です。待ちの姿勢は運気を下げます。

プロジェクトの企画提案、顧客へのプレゼンテーションや新規開拓など、さまざまな案件があなたのもとに持ち込まれます。優先順位とアプローチ法を決め、取り組んでください。また、遠方との取り引きも増えそうです。出張の移動手段は飛行機がおすすめです。スピーディーにチケットをとるためのアプリもダウンロードしておきましょう。

想像力も試される運気です。常に一歩先を考えながら準備を整えること。上司へのこまめな報告や連絡、相談がトラブルを未然に防いでくれます。人間関係を大切にしながら、常にリーダーシップを発揮しましょう。

多忙なときほど、気配りが必要

忙しくなるので、効率よく仕事を片づけるようにしましょう。合理的な時間の使い方やネットワークの有効利用を心がけること。ただし、正確性も重要です。Ｔｏｄｏリストを作り、チェックをしながら仕事を進めていきましょう。また、新しいことを始めたくなります。専門分野や経験がある分野なら挑戦してもいいのですが、未知の分野は避けてください。

時間に追われて独走していないか、自分の言動を振り返る時間を持ちましょう。チームワークを乱すと、目標達成が遠のきます。あなたのプライドがチームワークに悪影響を及ぼさないように気を配りましょう。また、チームを一体化させるのが情報の共有です。情報の発信元を確認する冷静さを忘れないこと。会議やプレゼンで持論にこだわると失敗します。ピカピカに磨いた靴が冷静さをキープさせてくれます。

2024年の恋愛・結婚運

仕事で輝く姿が恋を呼ぶ

仕事で輝くあなたに惹かれる人も出てきそう。プレゼンやクライアントとのミーティングでも恋のチャンスが隠れています。あなたの魅力をアピールできるビジネスファッションでのぞみましょう。2024年は出会いのチャンスづくりに時間がとれないので、周囲のサポートを大切にすること。趣味のサークル活動や学生時代の仲間に連絡をとると、懐かしい再会につながることもあります。恋のチャンスを引き寄せるのにも人脈や友人との関係を大切にしてください。

また、仕事運が好調で自信がつき、高望みをしがちになり良縁を遠ざけてしまう可能性も。ニュートラルな気持ちで出会いにのぞむことが大切です。未知の世界の人と出会っても、仕事の話題ばかりでは恋に発展しません。社会にアンテナを張り、さまざまな話題を準備しておきましょう。

意中の人がいるなら、相手からのアプローチを待っているだけでなく、あなたの気持ちを素直な言葉で伝えましょう。ただし、結婚を意識しすぎて、強引な態度に出てはいけません。誤解をされないように注意しながら、少しずつ距離を縮めていきましょう。時間をかけてお互いの理解を深めることが大切です。

自然体で絆を深めることが大切

2024年は仕事とプライベートのバランスをとるように心がけましょう。職場恋愛ではきちんと一線を引くこと。公私混同すると周囲からのサポートがなくなり、恋は成就しないかも。休日は心身を解放するような時間を持ってください。何事にもオン・オフの切り替えを忘れないように。

見栄っ張りなところがあるあなたですが、条件で相手を判断すると、最後はあなたが傷つく結果になりそうです。素顔のままのあなたで付き合える相手を選んでください。あなたらしくいることが、恋を愛に変える条件です。ただし、あちこち目移りしていては安定した関係は築けません。

パートナーがいる人は、なるべくふたりの時間を多く持つように努力すること。仕事を言い訳にして相手のやさしさに甘えてはいけません。思いやりのある関係を維持できれば、将来性のある関係が期待できます。

2024年の家庭運

質を重視した思い出づくりを

忙しくなって家族と一緒に過ごす時間が少なくなります。仕事を理由に約束を破れば、あなたへの信頼がなくなります。仕事のスケジュールは、家族のイベントを考慮しながら先々まで立てておきましょう。

家族との時間を大切にするためにも、少しゴージャスなレジャーを計画しましょう。思い出づくりはプライスレス。予算をセーブしてはいけません。これも有意義なお金の使い方です。大切なのは、いったん計画したら必ず実行すること。多忙を理由に、家族の期待を裏切らないようにしましょう。

身内にはクールな態度をとりがちなあなた。夫婦関係をよくするには、相手の話を遮《さえぎ》らず、最後まできちんと聞くことです。子どもには言動の裏にある気持ちに目を向けるようにしましょう。記念日には家族で食事をしたり、映画や博物館に行ったり、同じものに感動する時間を共有してください。また、親戚からの相談は、親身になり話を聞いてあげて。あいまいな言葉は誤解の原因になるので注意しましょう。

2024年の人間関係運

目上のアドバイスを聞く

2024年は人脈を大きく広げる運気です。もともと社交上手でコミュニケーション能力に優れたあなたですから、問題なく運気の波にのれるでしょう。ただし、優柔不断な面が出ると、相手の負担になることも忘れないで。

年上の人との縁があなたの人間関係をより実りあるものにします。人生経験豊かな目上の人にはなんでも相談しましょう。あなたとは違う視点からアドバイスをもらえ、新しい気づきをもたらしてくれます。友人関係をスムーズにしたいなら、SNSだけでなく、自筆の手紙やハガキで季節の挨拶を送りましょう。趣味を通して知り合った人とは、お互いに有益な情報を交換できます。ただし、一定の距離感を持ったお付き合いでいるほうがいいでしょう。相手のプライバシーには踏み込まず、あなたも個人情報を公開しないようにしてください。

ご近所関係では衝突を避けたいからと、あいまいな態度をとらないこと。トラブルは当事者だけでなく、地域の実力者に相談すると早い解決が期待できます。

新築・引越しに適した時期

２０２４年は、新築、引越し、土地の購入、リフォームに適した時期です。引越しする場合は、現在住んでいる場所から、年の吉方位にあたる南西を選びましょう。理想的なのは、年の吉方位と月の吉方位が重なるときに、その吉方位に引越すこと。南西が吉方位となる月は、3月、4月、10月、12月です。

ただし、あなたの天中殺《てんちゅうさつ》（50ページ参照）にあたる月は避けましょう。また、あなたが辰巳《たつみ》天中殺の運気の人なら、２０２４年は年の天中殺。世帯主の場合、土地購入までなら問題はありませんが、新築や引越しは避けたほうが無難です。

住まいの気を発展させるには、部屋の南東は風通しをよくし、いつもきれいに掃除しておきましょう。北西に盛り塩を置くと、２０２４年の運気の波にのることができます。古いものを処分して、新しいものに替えると気が整い、よい気を呼び込めます。

さらに今年は、シャンデリアや大理石など高級感のあるアイテムをインテリアにプラスすると運気がアップします。

2024年の健康運

全力投球できる準備を

人疲れからストレスがたまります。さらに多忙で不規則な生活になり、睡眠や食事のリズムも乱れがちになります。エネルギーに満ちあふれているので、なかなか疲れを自覚できず、気づいたときはダメージが大きくなってしまいます。もともと消化器系がウィークポイントのあなた。腸内環境を整えるためにも、栄養バランスを考えた食事と適度な運動で体調管理を心がけてください。そして季節の花の香りで、心を癒すようにしましょう。

疲れを感じたら、高級ホテルのラウンジでティータイムを。よい気に包まれると、気分も落ち着きます。外食が続き体重は増加傾向になりがち。毎日、体重と血圧をチェックしましょう。さらに気をつけたいのは、忙しさから、呼吸が浅くなってしまうこと。深呼吸で体いっぱいに酸素を取り入れるようにしましょう。

ストレスから腫れ物も多くなります。受診するほか、精神的な過労状態のサインだと考え、ハーブティーなどでリラックスするようにしてください。

COLUMN 1

~2024年のラッキー掃除~

情報がスムーズに入るように掃除・整頓を

2024年は情報が入ってくる東の方位(家の中心から見て)が重要になってきます。東に段ボールや古新聞を置いていると、よい情報が入るのを邪魔します。忘れてはならない場所が、冷蔵庫の野菜室。野菜くずや汚れを残さないように水拭きし、食材を整理して収納しましょう。

また、電気関連の場所も大切なポイントです。分電盤やコンセントカバーなどにホコリを残さないように。パソコン本体はもちろん、キーボードの溝《みぞ》も綿棒などを使って、清潔さを維持するようにしてください。

第3章

四緑木星の運気を上げる風水習慣

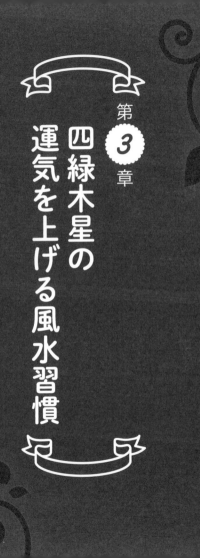

金運アップのアクション

アロマキャンドルを
灯して楽しむ

好きな香りで金運UP

２０２４年の金運アップのアクションは好きな香りのアロマキャンドルを灯すこと。部屋をきれいに片づけ、風通しをよくしてからアロマキャンドルを灯しましょう。ろうそくの明かりと香りで部屋を満たすと、いいエネルギーに包まれ運気もアップ。金運につながる縁も運んできます。香りはアロマランプでもＯＫ。いつでも使えるよう見える場所に置きましょう。

　アロマキャンドルやアロマランプはホコリがつかないように。きれいな状態で保つことも大切です。

お金の風水

カトラリーをピカピカに磨く

２０２４年は活気にあふれ、会食やパーティーが多くなります。パーティーに参加して人脈を広げることが金運を開く鍵。家庭でもパーティーに欠かせない銀やステンレスのカトラリーを磨きましょう。それも顔が映るぐらいピカピカにしておくこと。

磨き上げたカトラリーはアイテム別にまとめ、上下を揃《そろ》えて収納を。引き出しは隅々まできれいにして、ホコリやゴミを残さないことも大切です。

家でもBGMを楽しむ

２０２４年の中宮・三碧は音や響きを象徴する星です。コンサートやライブを楽しむのはもちろん、家の中でも好きな音楽を聴くとよい気を呼び込めます。家事をするときやバスタイム、メイクをするときもＢＧＭを流して音を楽しむといいでしょう。いつも美しいメロディーやリズムに触れていると、自然にパワーを充電できます。

特にきれいに掃除した部屋の中央で、音楽を聴くのがおすすめです。

万年筆を
日常使いする

手書きのシーンで万年筆を

２０２４年の仕事運アップのアクションは、万年筆を日常的に使うことです。今はメールなどオンラインのやりとりがほとんどですが、書類にサインをしたり手紙を書いたりする際に、筆記用具は必要。上質な万年筆を使うことで、あなたの品格がアップ。仕事もスムーズに運びます。すぐに使えるように万年筆は常に持ち歩きましょう。

万年筆は長く使っていないと、インクが固まってしまうことも。インクが出ないなら、ペン先をぬるま湯などにつけ、詰まりを取り除いてください。

仕事の風水

こまめに情報を更新する

数字が並んでいるカレンダーは仕事運をアップさせます。さらに２０２４年は情報の更新が重要なポイントになります。きちんと月や日ごとに新しいページをめくるようにすること。また、手帳には新しいアイデアやミッションを書き込むといいでしょう。

パソコンも古いデータをいつまでもデスクトップに置かないようにしましょう。データは保存するか削除し、ソフトのアップデートも忘れないこと。

北西のスペースを整える

仕事運を司る方角は北西です。家の中心から見て北西の場所や部屋を常にきれいに整えてください。２０２４年は、木製アイテムがよい気を呼び込みます。北西の方角に木製のブックエンドや文具箱を置き、毎日の拭き掃除も欠かさないように。

キャビネットやデスクを置く場合は、書類などを置きっぱなしにせず、引き出しの中に片づけて。整理整頓で、仕事がしやすい環境をキープしましょう。

恋愛・結婚運アップのアクション

バッグに花柄スカーフをつける

スカーフでバッグを華やかに

2024年の恋愛・結婚運アップのアクションは、バッグの持ち手などに水色の花柄スカーフをつけることです。スカーフは今年のラッキーアイテム。首元につけるだけでなく、バッグの持ち手につけて、アレンジを楽しみましょう。エコバッグなど大きめの袋につけるのもおすすめ。愛らしい花柄が恋愛運を高めてくれます。

外側に取りつけると汚れやすくなるので、定期的に洗濯すること。おしゃれ着用洗剤などでやさしく洗い、アイロンがけできれいに仕上げましょう。

おそうじの風水

東に植物を置き、世話をする

植物は風水のラッキーアイテムのひとつです。三碧の年は東の方角からよい情報が入ってきます。２０２４年は東に観葉植物や生花を置きましょう。観葉植物の葉にホコリが残らないようにやさしく拭き、花瓶の水は毎日取り替えること。鉢や花瓶も汚れをとるように心がけてください。

枯れた葉や花は邪気になります。こまめに手入れして、枯れたものを残さないようにしてください。

楽器や電化製品を手入れする

２０２４年は音にかかわるものが重要なアイテムになります。ピアノやギターなど楽器にホコリを残さないように手入れしてください。普段使わないものでも、こまめにお手入れを。しまい込んでいる楽器も同様です。

また、三碧は電気の象意も持っています。エアコンや冷蔵庫、テレビ、電子レンジなどの電化製品もきれいにすることが大切です。細かい部分まで丁寧に掃除してください。

住宅運アップのアクション

表札を木のものにする

ヒノキやヒバがおすすめ

２０２４年の住宅運アップのアクションは、表札を木のものにすることです。表札を出さないと主人不在の家になってしまい、運気が下がります。表札は主人の性別や年齢を問わず、木製のものがおすすめ。四緑木星を象徴する木は、人間関係を広げ出会いとチャンスをもたらします。ヒノキやヒバなど耐久性が高く、香りのよい木を選ぶとさらによい運気を引き寄せます。

木の表札は経年変化が味わいになりますが、定期的にニスやオイルを塗ってキレイな状態を保ちましょう。

住まいの風水

花を育てる

草花は三碧の象意です。庭があるお宅なら、四季を通して花が咲くようにガーデニングをしましょう。庭がない場合は、ベランダガーデニングで花を育ててください。

また、よい気や情報は玄関やベランダから入ってきます。玄関やベランダに余分なものを置くと、それらがよい情報を遮《さえぎ》ってしまいます。開口部はきれいに整え、気がスムーズに入るようにしましょう。

フローリングを磨く

フローリングに掃除機をかけ、その後、ピカピカになるまで磨き上げましょう。木材の持つパワーを引き出すことができます。また、傷があれば、その手入れも忘れずに。

畳やじゅうたんもきれいに掃除してください。大地に近い床は、大きなパワーが漂う場所です。住まいに大地のパワーを常に取り入れるためにも、床には不要なものを置かず、きれいにしておくことが大切です。

吉方位と凶方位のこと

方位はよくも悪くも運に影響を与えます

風水では、吉方位への神社参りをしてくださいとよくアドバイスします。私自身、ほぼ毎日、日の吉方位にある近くの神社へ散歩をしながらのお参りを欠かさずしています。吉方位とはあなたのライフスターが持つラッキー方位（12ページ参照）とは別のもので、自ら動いていくことでよい気をもたらす方位のこと。自分の生活拠点、つまり住んでいる場所（家）を基点に考えます。

旅行や引越しで方位を気にするのは、自分の運気がよくも悪くも宇宙の磁場の影響を受けるから。でも、吉方位へ動けば、自分の磁力が活性化して気力にあふれ、どんどんよい気がたまっていき、巻頭で述べたような「気を発する人」になるのを手助けしてくれます。

吉方位には年の吉方位、月の吉方位、日の吉方位があり、それぞれライフスターで異なります。凶方位も同様です。生活の中に吉方位を取り入れるときは、目的によって左ページのように使い分けます。

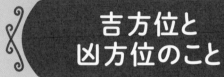

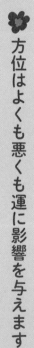

日の吉方位

日の吉方位と凶方位は毎日変わります。スポーツなどの勝負ごとや賭けごと、プロポーズ、商談などその日に決着がつくことには、日のみの吉方位（第4章のカレンダーを参照）を使います。

月の吉方位

月ごとにも吉方位と凶方位は変わります。数日間滞在するような旅行は、月と日の吉方位が重なる日に。風水では月替わりが毎月1日ではないので、第4章の月の運気で日付を確認してください。

年の吉方位

年の吉方位は、その年を通してあなたに影響を与え続ける方位です。引越しや住宅購入、転職は方位の影響を受け続けることになるので、年（26ページ参照）、月、日の吉方位が重なる日に。

天中殺は運気の貯蓄をするとき

運気が不安定になる時期をチェック

天中殺とは、周囲が味方になってくれない時期を意味します。自分でコントロールすることができない運気で、これも私たちが持つ運気のひとつです。

天中殺の時期は、家の外は嵐という状態。出る杭《くい》は打たれるというときなので、何の準備もしないで外＝社会に出ていけば、雨風に打たれて心身ともに疲労困憊《こんぱい》してしまいます。ですから前もって自分の天中殺を知っておくことが大切です。天中殺には運気が不安定になるので、不安や迷いを感じやすくなったり、やる気が出なかったりと、マイナスの影響がもたらされてしまいます。

天中殺は、年、月、日と3種類あり、生年月日によって、子丑《ねうし》天中殺、寅卯《とらう》天中殺、辰巳《たつみ》天中殺、午未《うまひつじ》天中殺、申酉《さるとり》天中殺、戌亥《いぬい》天中殺の6つに分けられます。まずは54ページ、133～135ページの表をもとに、自分の生年月日から割り出してみてください。

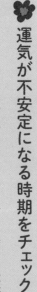

誰もが受ける社会から降りかかってくる運気

天中殺は社会から降りかかってくる運気です。ですから、極論をいえば、社会に出なければ天中殺の現象を受けることはありません。でも、社会とかかわりを持って生活する以上そうはいきません。天中殺とは逃れることのできない、〝宿命〟のようなものなのです。ただし、何に気をつければいいのかがわかれば、天中殺の現象を軽減させたり、避けたりすることができます。

天中殺の時期は、社会との摩擦《まさつ》を減らす意味で、受け身に徹したり、自分の言動を戒《いまし》めたりすることが肝心です。自分の欲のために行動したり、新しいことをしたりしてもあまりうまくいかないと心しておきましょう。頑張っても努力が報われにくいときなので、それがわかっていればたとえ失敗しても心のダメージは少ないはずです。

天中殺を無難に過ごすためには、天中殺が来る前から風水生活を実践し、運気の貯蓄をすることで気を高めておくことです。本書にある運気に沿った生活をすることもそうですし、吉方位を使った神社参りやゆったりとしたスケジュールの旅行、また、住まいをきれいに掃除するなど、家の環境を整えることもよい運気の貯蓄になります。

年、月、日の3種の天中殺

では、〝宿命〟ともいえる天中殺はいつやってくるのでしょうか？　天中殺には年の天中殺、月の天中殺、日の天中殺があり、12年に2年間やってくるのが年の天中殺、12か月に2か月間やってくるのが月の天中殺、12日に2日間めぐってくるのが日の天中殺です。めぐってくるタイミングも、6つの天中殺によって異なります。

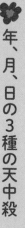

3種の天中殺のうち、運気に一番大きく作用するのが年の天中殺です。年の天中殺のときに、人生の転機となるような選択をするのはおすすめできません。月の天中殺は2か月間と期間が短くなるので、天中殺の現象が集中することもあります。これらの2種の天中殺に比べると、日の天中殺は運気への影響は少ないといえます。とはいえ、いつもなら勝てる相手に負けてしまう、他人の尻ぬぐいをさせられてしまう、異常に忙しくなる、やる気がまったく出ない……といった影響が出ることもあります。日の天中殺は第4章にある各月のカレンダーに記載してあるので参考にしてください。

２０２４年は辰年で辰巳《たつみ》天中殺の人にとっては、年の天中殺にあたります。ライフスターごとの運気にかかわらず、辰巳天中殺の人は運気に影響を受けるでしょう。でも、自分のライフスターの運気が絶好調の頂上運の場合は、その運の強さが働いて天中殺の現象を軽減してくれることもあります。逆に運気が低迷する停滞運のときは、天中殺の影響が強く出やすいといえます。

年の天中殺がいつやってくるのかは、左の表でチェックしてください。前述しましたように、天中殺の現象を軽減することは可能です。年の天中殺がいつやってくるかを知ったら、ただ待つのではなく風水生活をきちんと実践して、天中殺に向けての準備をしっかりしておきましょう。

あなたの年の天中殺は？

2024年	辰	辰巳天中殺
2025年	巳	辰巳天中殺
2026年	午	午未天中殺
2027年	未	午未天中殺
2028年	申	申酉天中殺
2029年	酉	申酉天中殺
2030年	戌	戌亥天中殺
2031年	亥	戌亥天中殺
2032年	子	子丑天中殺
2033年	丑	子丑天中殺
2034年	寅	寅卯天中殺
2035年	卯	寅卯天中殺

天中殺の割り出し方

133～135ページの基数早見表で基数を探し、
誕生日を足して割り出します。

例 1980年5月15日生まれの場合

基数		誕生日の日にち		合計
10	+	15	=	25

基数は10で、生まれ日の15を足すと合計が25。右の表から、21～30の「午未天中殺」があなたの天中殺になります。合計が61以上になる場合は60を引いた数になります。

天中殺の早見表

1～10	戌亥天中殺
11～20	申酉天中殺
21～30	午未天中殺
31～40	辰巳天中殺
41～50	寅卯天中殺
51～60	子丑天中殺

子丑天中殺 ねうしてんちゅうさつ

子年と丑年が年の天中殺で、毎年12月と1月が月の天中殺です。月の天中殺以外では、毎年6月と7月は社会や周囲の応援が得られにくくなるので要注意。この天中殺の人は、他人のために進んで働くタイプ。目上の人の引き立ては少なく、自分自身で新しい道を切り開いていける初代運を持っています。目的に向かってコツコツ努力する大器晩成型です。

寅卯天中殺 とらうてんちゅうさつ

寅年と卯年が年の天中殺で、毎年2月と3月が月の天中殺です。月の天中殺以外では、毎年5月は社会からの支援が得られにくくなるので要注意。この天中殺の人は、失敗してもクヨクヨせず、6つの天中殺の中で一番パワフル。度胸はいいほうですが、少々大雑《おおざっ》把《ぱ》な性格です。若い頃から親元を離れて生きていく人が多いようです。

♡辰巳天中殺《たつみてんちゅうさつ》

辰年と巳年が年の天中殺で、毎年4月と5月が月の天中殺です。月の天中殺以外では、12月と1月は周囲の協力や支援を得にくく孤立しがちなので要注意です。この天中殺の人は、型にはまらず個性的で、いるだけで周囲に存在感をアピールできるタイプ。行動力は抜群で、苦境に立たされても乗り越えるたくましさを持っています。

♡午未天中殺《うまひつじてんちゅうさつ》

午年と未年が年の天中殺で、毎年6月と7月が月の天中殺です。月の天中殺以外では、11月と12月は周囲の支援が得られないだけでなく、体調を崩しやすくなる時期。この天中殺の人は、冷静で情報収集が得意。先を見て行動する仕切り屋タイプが多いようです。困ったときには誰かが手を差し伸べてくれる運の強さを持っています。

♡申酉天中殺《さるとりてんちゅうさつ》

申年と酉年が年の天中殺で、毎年8月と9月が月の天中殺です。月の天中殺以外では、社会からの支援や協力を得にくくなる4月と5月は言動に要注意。この天中殺の人は、ひとりで複数の役目をこなす働き者。でも、キャパを超えると右往左往することも。世の中の動きを素早くキャッチし、金運にも恵まれています。

♡戌亥天中殺《いぬいてんちゅうさつ》

戌年と亥年が年の天中殺で、毎年10月と11月が月の天中殺です。月の天中殺以外では、毎年6月と7月はなんらかの環境の変化で悩むことが多くなる時期。この天中殺の人は、6つの天中殺の中で一番多くの試練に遭遇します。でも、自力で道を開き、周囲のエネルギーを自分のパワーに変えていける強さを持っています。

COLUMN 2

～2024年のラッキー家事～

音が出るアイテムと家電の手入れを

三碧木星の象意のひとつは音です。2024年は音が出るものを常にきれいにすると、よい情報が入りやすくなります。楽器やドアベルなどはホコリを払い、水拭きできるものは水拭きを毎日の掃除に組み入れましょう。

電気や振動も三碧の象意。キッチンにあるフードプロセッサーやブレンダー、コーヒーメーカー、電子レンジも汚れを残さないようにきれいに掃除してください。テレビ、ヘッドホン、スマホなど音にかかわる電化製品もホコリを残さないようにしましょう。

第4章
四緑木星の毎日の運気

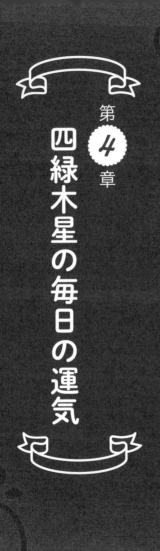

２０２４年の運気

活動的に過ごせる開始運からスタート

２０２４年は１年のスタートにふさわしい開始運から始まります。お正月には今年の目標をしっかり立てて、初詣にいきましょう。７月に向かって、運気は右肩上がりに。８月にいったん低迷しますが、体調を整えながらゆっくり過ごしてください。そうすれば９月から運気の波にのることができます。

頂上運の７月は勝負運にも恵まれるので、挑戦する気持ちを忘れないようにしましょう。恋愛運が高まるのは１月と10月。あなたの恋愛力もアップするので身だしなみを整え、個性をアピールしてください。仕事で活躍できるのは４月の結実運です。すべきことを丁寧にこなしていけば、運気アップにつながります。気をつけたいのが８月の停滞運。夏休みは心身休息のときと考え、おとなしく過ごしましょう。金運にも恵まれないので、出費は抑えるように。また、停滞運のときは人間関係のトラブル

2024年の波動表

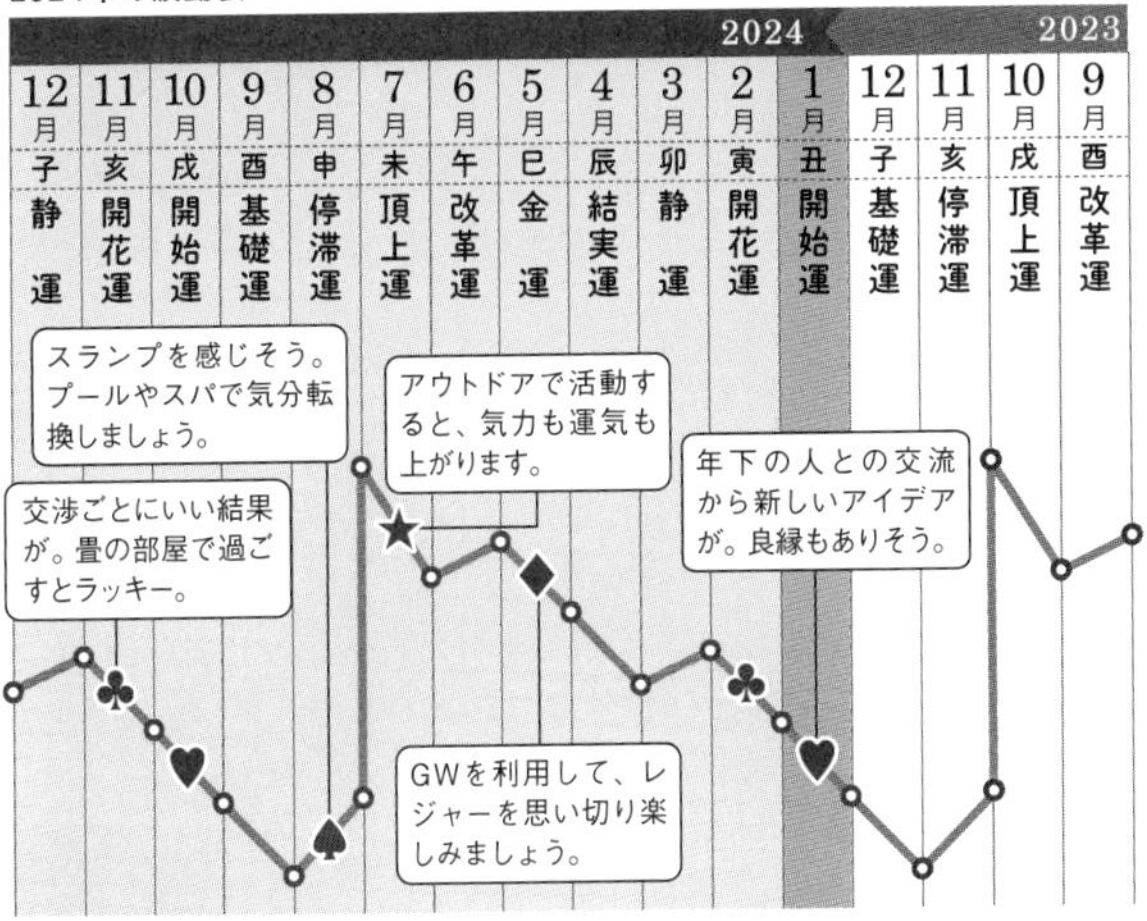

にも巻き込まれやすくなります。ひとりで過ごす時間を増やし、リスクを回避しましょう。2か月間続く自分の月の天中殺には、争いごとは避け、受け身の姿勢で過ごしてください。

9つの運気

停滞運	芽吹きを待つといった冬眠期で、しっかり休んでエネルギーを充電したいリセット期。
基礎運	そろそろ活動しはじめることを考えて、足元をしっかり固めておきたい準備の時期。
開始運	種まきをするときで、物事のスタートを切るのに適している時期。
開花運	成長して花を咲かせるときなので、行動的になり、人との出会い運もアップします。
静　運	運気の波が安定するリセット期。外よりも家庭に目が向き、結婚に適した時期。
結実運	これまでの行動の成果が出るときで、社会的な地位が高まって仕事での活躍が光る時期。
金　運	努力が実を結ぶ収穫期で、金運に恵まれるとき。人付き合いも活発になります。
改革運	今一度自分と向き合いたい変革期。変化には逆らわず、身をまかせたいとき。
頂上運	運気の勢いが最高のとき。これまでの努力に対する結果が現れる、頂上の時期。

★ 強運、♠ 要注意、♥ 愛情運、♦ 金運、♣ 人間関係運

2023
September

改革運　2023.9.8 〜 2023.10.7

変化が訪れそう。決断は先送りに

❋周囲の変化に合わせ、柔軟に対応する

これまでスムーズにいっていたことがうまくいかなくなり、とまどうことが増えそう。精神的にも不安定になり、落ち着かない運気です。あなたの思いとは関係なく、環境や人間関係で変化が起こります。次のステップに進むためのリセット期と考え、冷静になりましょう。自分から環境を変えたくなりますが、あなたにとって不利な状況を引き寄せてしまうかも。運気そのものは悪くないので、変化も前向きにとらえてください。大きな決断は保留にし、二者択一をする際はリスクの少ないほうを選んで。スケジュール調整し、時間に余裕を持たせましょう。

ヘアスタイルを変えたり部屋の模様替えをしたりして、気分転換しましょう。そして、あなたの好奇心を刺激する趣味をみつけ、プライベートを充実させてください。

9月の吉方位	なし
9月の凶方位	北、南、東、北東、北西、南西

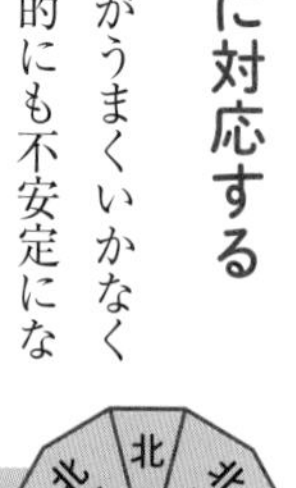

頂上運 2023.10.8 〜 2023.11.7

運気は最高潮。前向きに前進を

※積極的に動き、さらなる高みを目指す

エネルギーにあふれ、どんなことにも挑戦できそうです。これまでの努力が評価される最高の運気。あなたの実力が認められ、思い通りに行動できます。勝負運にも恵まれるので、さらなる飛躍も期待できるでしょう。スキルや経験を生かし、どんどん自己アピールしましょう。少々のリスクなら気にせず取り組んでＯＫ。失敗を恐れない前向きな気持ちが、さらに運気を加速させるはずです。そして運気のよさを実感したら、周囲に幸せのおすそ分けをしましょう。スポットライトを浴びるときなので、身だしなみはいつもきれいに整えること。

嘘やごまかしは運気にマイナスの影を落とします。真《しん》摯《し》な態度で接し、周囲の理解を得られるよう努力しましょう。気持ちをコントロールすることが大切です。

10月の吉方位　北東

10月の凶方位　北、南、東、西、南東、南西

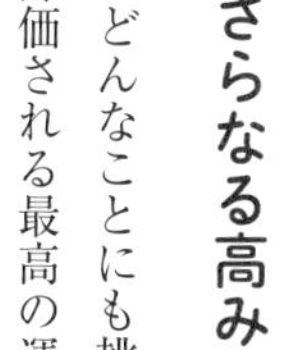

2023
November

停滞運　2023.11.8 〜 2023.12.6

静かに受け身でOK。心身のメンテナンスを

心身の疲れを癒し、内面の充実をはかる

今月は頑張らなくていいときです。自分から動くのは控え、受け身に徹してください。もし何かのトラブルに遭遇しても戦うことなく、頭を伏せてやり過ごしましょう。小さな目標を設定し、地道に積み重ねていくことで、気持ちは安定へと向かうでしょう。集中力に欠けるので、慣れていることでも慎重になってください。もし気持ちが内向きになったら、周囲と距離を置き、ひとりで過ごす時間を持つようにしましょう。パワーも落ちているので体調を崩しやすくなります。心身の疲れを癒し、健康管理はしっかりすること。

朝起きたら窓を開け、邪気を祓《はら》いましょう。規則正しい生活や整理整頓、掃除をする習慣が運気回復への近道。美しく整った空間で心の平静を保ってください。

11月の吉方位　なし

11月の凶方位　北、南、東、北東、南東、南西

2023 December

12月

基礎運　2023.12.7 〜 2024.1.5

基礎固めの時期。無理せず英気を養って

サポート役に徹し、地道に努力する

一歩ずつ着実に進めることで運気は安定。何事においても計画を立てることが成功への近道になります。忍耐力のあるあなたの本領を発揮し、コツコツと努力を重ねながら基礎を固めていきましょう。着地点はまだ見えないかもしれませんが、焦らないこと。サポート役になり、人のために尽くすようにしてください。また、ひとりで抱え込むのではなく周囲の力も借りましょう。みんなで取り組んだほうがよい結果につながります。ここで努力したことは今後のあなたの糧になるはず。目標を小さく設定し、達成感を味わうと、心の支えになるでしょう。

パワーはまだ低いので、お付き合いはほどほどにして、師走の疲れをためないように。年末の掃除も計画的に少しずつ行うようにしてください。

12月の吉方位　北

12月の凶方位　南、東、西、北東、北西、南東、南西

2024
January

1月

開始運 2024.1.6～2024.2.3

開運3か条
- みかんを食べる
- 年下の人と仲よくする
- 花を飾る

チャンスを生かして、新たな挑戦を

1年の始まりにふさわしい開始運からスタートします。物事を始めるのに適した運気。社交上手なあなたですから、周囲の注目を集め、動き出せるでしょう。ただし、勢いに押されて見切り発車すると、せっかくの運気を生かせません。準備が整ったプランなら始動させてください。そして始めたら最後までやり抜くこと。心に秘めてきたことが現実になるでしょう。チャンスを前に優柔不断になると、せっかくの好機を逃します。また、華やかな雰囲気を持つ運気に押され、テンションが上がりやすくなります。自己主張はほどほどにしておきましょう。

出会いが増え活動的になるので、気疲れしやすくなります。見栄を張ると足元をすくわれるので気をつけて。好きな音楽を聴き、リラックスしましょう。

1月の吉方位	南、北東、西南西
1月の凶方位	北、東、西、北西、南東、南南西

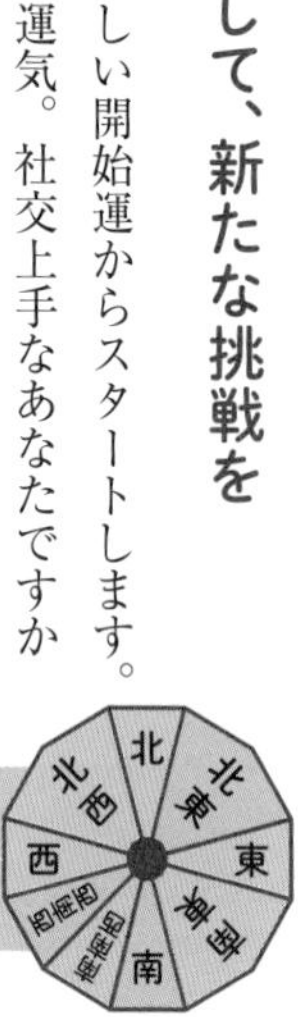

この天中殺の人は要注意

子《ね》丑《うし》天中殺

上司や目上の人とのトラブルに注意してください。想像以上に解決に苦労しそう。信頼関係を維持する努力が必要です。また、交通事故にも要注意。車は丁寧に整備し、常に安全運転を心がけてください。

仕事運

これまで準備していたことを行動に移していいとき。運気の上昇に伴い、仕事への意欲も高まってきます。多少難易度が高い案件も上司や同僚のサポートも得られるので、積極的に挑戦しましょう。迷うとせっかくのチャンスを逃してしまいます。ただし、忙しいからと雑な仕事をしないように。

金運

金運は悪くないのですが、会食や手土産など交際費が増えます。人脈づくりの経費とはいえ、無計画に使っているとすぐマイナスに。目新しさに惹かれて手にとると失敗しそうなので、衝動買いもNGです。金融商品をチェックすると運に弾みがつきます。

愛情運

※子丑天中殺の人は新しい出会いは先にのばして

交友関係が広がり、素敵な出会いがもたらされそう。学生時代の友人が恋愛対象になるかもしれません。演奏会やライブなど音楽関係のイベントにもツキがあります。コミュニケーション能力に長《た》けたあなたですが、八方美人な振舞いはしないように。パートナーがいる人は失言しないよう注意しましょう

1月のおそうじ風水 ▸ スマートフォン。画面をピカピカに磨いて。

日	六曜／天中殺 祝日・歳時記	毎日の過ごし方 ★強運日 ♠要注意日 ♥愛情運 ◆金運 ♣人間関係運	吉方位	ラッキーカラー
1 月	赤口／子丑 元日	おせちを食べて家でゆっくり。子どもにはお年玉を奮発して。	西、南東	ピンク
2 火	先勝／子丑	◆初詣にいき、おいしいものを食べて。運に弾みがつきます。	北西、南東	金色
3 水	友引／寅卯	軍資金があるなら、欲しかったものを迷わず買いましょう。	南西	銀色
4 木	先負／寅卯	欲張らないで。部屋の真ん中に座ると気持ちが落ち着きます。	北、南西	キャメル
5 金	仏滅／辰巳	冷静な判断が必要。外食をするなら日本料理を選びましょう。	北、南、東	銀色
6 土	大安／辰巳 小寒	♥好きな人を誘って並木道を歩くと、距離がぐんと縮まりそう。	南、北東、南西	茶色
7 日	赤口／午未	パワーは低めなので静かに過ごすこと。七草粥を食べると○。	北	山吹色
8 月	先勝／午未 成人の日	お気に入りの筆記具で手紙を書くと、運気が回復します。	西、北西	水色
9 火	友引／申酉	大切なことは日中にすませ、自分の思い通りに動きましょう。	北東、北西	オレンジ
10 水	先負／申酉	環境に変化があっても、冷静に感情をコントロールすること。	西、南東	キャメル
11 木	赤口／戌亥	気持ちにゆとりを持つと運気上昇。疲れたらカフェで休んで。	北西、南東	赤
12 金	先勝／戌亥	心身のバランスを崩しがち。フルーツ系スイーツがラッキー。	南西	水色
13 土	友引／子丑	セール情報を見てから買い物を。へそくりを始めるといい日。	北、南西	黄色
14 日	先負／子丑	玄関を掃除して花を飾りましょう。遠方からいい知らせが。	北、南、東	黄緑
15 月	仏滅／寅卯	チャンスを生かせそう。みかんはカゴに入れてテーブルに。	南、北東、南西	ワインレッド

16 火	大安／寅卯	全体的にパッとしないかも。おしるこを食べてあたたまって。	北	黒
17 水	赤口／辰巳	穏やかな気持ちで過ごしていればパワーをチャージできます。	西、北西	紺色
18 木	先勝／辰巳 土用	★ ポジティブになります。きちんとメイクして出かけましょう。	北東、北西	紫
19 金	友引／午未	自分を見つめ直しましょう。パワーストーンをつけると◯。	西、南東	金色
20 土	先負／午未 大寒	友人とおしゃべりを。口角を上げることを意識すると幸運が。	北西、南東	黄色
21 日	仏滅／申酉	いろいろやりたいことがあっても、費用や時間を考えること。	南西	青
22 月	大安／申酉	人に逆らわないほうがいい日。朝食にヨーグルトを添えて。	北、南西	クリーム色
23 火	赤口／戌亥	♣ ブラシを使って髪を整えましょう。交渉ごとがうまくいくかも。	北、南、東	ペパーミントグリーン
24 水	先勝／戌亥	音楽アプリでオルゴールの音色をダウンロードしましょう。	南、北東、南西	茶色
25 木	友引／子丑	目の前のことをコツコツこなして。ステップアップできます。	北	黒
26 金	先負／子丑	♠ 人に言えない秘密を抱えそう。家族との時間を大切にして。	西、北西	水色
27 土	仏滅／寅卯	ソワソワして物事が手につかなくなります。窓を磨くと吉。	北東、北西	ベージュ
28 日	大安／寅卯	リフォームを考えるなら、住宅展示場にアイデアがあるかも。	西、南東	白
29 月	赤口／辰巳	熱くなってケンカになりそう。話題のお店でランチを食べて。	北西、南東	赤
30 火	先勝／辰巳	周囲から反感をかうかも。早めに出社し、デスクの片づけを。	南西	銀色
31 水	友引／午未	スケジュールを調整し、プライベートの時間を多くとって。	北、南西	キャメル

＊祝日法の改正により、祝日や休日が一部変更になることがあります。

2024 February

2月

開花運 2024.2.4 ～ 2024.3.4

開運3か条
- 和室で食事をする
- 友人に手紙を書く
- 玄関に花を飾る

人脈がチャンスを運んでくる

花が開くように、人間関係が広がります。チャンスは人脈が運んでくるので、あなたの社交性を発揮してください。できるだけ多くの出会いの場を持てるように、アンテナを広げて情報をキャッチしましょう。やりたいと思っていたことにも果敢にチャレンジを。周囲とこまめに連絡をとることが目標達成のポイントになります。新しい出会いにばかり気持ちが向きがちですが、昔からの縁も大切に。人から頼られたらできる限りサポートし、ギブアンドテイクの姿勢を忘れないようにしてください。

イキイキと活動するあなたの魅力に惹かれて、さまざまな人たちが近づいてきます。中にはトラブルメーカーもいそう。付き合う相手は選び、ＮＯと言う勇気も持つようにしてください。

2月の吉方位	北、南
2月の凶方位	西、北東、北西、南東、南西

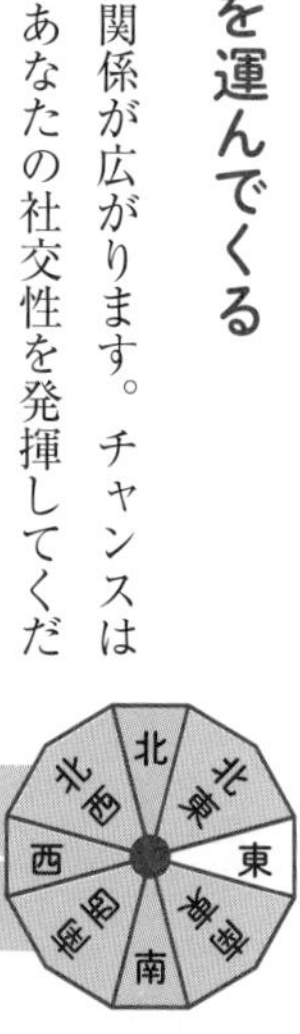

この天中殺の人は要注意

寅《とら》卯《う》天中殺

家族内でお墓や相続問題で誤解が生まれそう。特に母親やきょうだいには、誤解されないように丁寧な言葉で話し合うようにしてください。遅刻が大きなトラブルにつながるので注意しましょう。

仕事運

これまでの努力が信頼に発展し、頑張れば頑張るほどあなたの評価はアップします。同僚や後輩のサポートも得られ、プライベートでの交流も大切な人脈になるでしょう。付き合う相手は慎重に選びたいところですが、人を値踏みするようなことはやめましょう。苦言を呈してくれる人ほど大事にしてください。

金運

プレゼントをしたり食事をご馳走したり、人のためにお金を使うとチャンスがめぐります。几帳面なあなた、収支管理をしっかりしておけば大丈夫です。でも、派手に使っていると、あとで大変なことに。耳触りのいい話も入ってきますが、すぐに飛びつかないこと。

愛情運

※寅卯天中殺の人は新しい出会いは先にのばして

公私ともにお誘いが増え、出会いのチャンスに恵まれます。人の集まる場所には積極的に出かけましょう。人からの紹介にも良縁がありますが、気になる人には自分からアプローチしてOKです。見た目や肩書きにとらわれないように。恋人とは新しい展開が待っていそうです。信頼を築ける関係をキープしましょう。

2月のおそうじ風水 ▸ 玄関。三和土《たたき》を念入りに拭きお香を焚いて。

日	曜	六曜／天中殺 祝日・歳時記	毎日の過ごし方 ★強運日 ♠要注意日 ♥愛情運 ◆金運 ♣人間関係運	吉方位	ラッキーカラー
1	木	先負／午未	友人を誘って食事にいきましょう。アドバイスをもらえそう。	北、南、東	ペパーミントグリーン
2	金	仏滅／申酉	ネットショッピングにツキあり。ただし情報は吟味すること。	南、北東、南西	碧（深緑）
3	土	大安／申酉 節分	豆まきをして邪気を祓って。ローテーブルで食事をすると吉。	北	山吹色
4	日	赤口／戌亥 立春	カフェでも図書館でも、自分らしくいられる場所で過ごして。	西、北西	水色
5	月	先勝／戌亥	向学心が高まるとき。おしゃれな文房具でやる気がアップ。	北東、北西	オレンジ
6	火	友引／子丑	トラブルの芽は早めに摘むこと。山の写真集に癒されます。	西、南東	黄色
7	水	先負／子丑	人と接するときに緊張感を保てたら、自分にご褒美をあげて。	北西、南東	赤
8	木	仏滅／寅卯	少額でもお金の貸し借りはやめましょう。風呂敷を活用すると〇。	南西	白
9	金	大安／寅卯	早めに帰宅し、家族とゆっくり。夕食はチーズ系がおすすめ。	北、南西	金色
10	土	先勝／辰巳	♣チャンスがめぐってきます。新しいコミュニティに参加して。	北、南、東	青
11	日	友引／辰巳 建国記念の日	自己主張はNG。レモネードで昂《たかぶ》る感情を抑えましょう。	南、北東、南西	ワインレッド
12	月	先負／午未 振替休日	計画は一進一退。ベッド下を掃除すると気の循環が良好に。	北	キャメル
13	火	仏滅／午未	♠運気は低迷。ポットにあたたかいお茶を入れて持ち歩いて。	西、北西	黒
14	水	大安／申酉 バレンタインデー	★これまでの努力が実りそう。本命にはハイブランドを贈って。	北東、北西	紫
15	木	赤口／申酉	感情のコントロールが大事。駐車場や交差点では車に注意を。	西、南東	ピンク

PRESENT

『九星別ユミリー風水』16周年記念
読者プレゼント

読者の皆さまへ感謝の気持ちを込めて、
プレゼント企画を実施中です。

＼金運UP！／
招き猫

ゴールドのかわいらしい招福金運招き猫。
金運はもちろん、人を呼び込んで人気運もアップ。
玄関に向かって正面の位置
もしくは西の方角に置くと○。

A賞
招き猫
5名様

B賞
図書カード（1000円）
20名様

応募方法

大和書房ユミリーサイトへアクセス！
https://www.daiwashobo.co.jp/yumily/

携帯電話は
こちらから

ユミリープレゼント　で検索

応募フォームに必要事項をご記入のうえ、
ご希望の商品を選んでください。

▶▶ 応募締め切り
2024年2月29日（木）

16	金	先勝／戌亥	◆アクセサリーなどで華やかさを演出すると運気が上昇します。	北西、南東	黄色
17	土	友引／戌亥	博物館でミュージアムグッズを買って。シルバーのものが吉。	南西	銀色
18	日	先負／子丑	冷蔵庫をチェックし、残っていた食材で常備菜を作りましょう。	北、南西	クリーム色
19	月	仏滅／子丑 雨水	大風呂敷を広げないこと。宅配便の受け取りは置き配が○。	北、南、東	黄緑
20	火	大安／寅卯	♥コンサバ系ファッションで恋愛力がアップ。行動してみて。	南、北東、南西	茶色
21	水	赤口／寅卯	結果が出なくても焦らないで。素焼きのブローチがお守りに。	北	山吹色
22	木	先勝／辰巳	シンプルな靴で出かけて。目の前の仕事をクリアできます。	西、北西	紺色
23	金	友引／辰巳 天皇誕生日	スポーツ観戦でストレスを解消して。全力投球すると開運。	北東、北西	赤
24	土	先負／午未	家具や家電を新調するなら、レンタルやサブスクも検討して。	西、南東	ピンク
25	日	仏滅／午未	慌てて買い物してしまうと、使用感に満足できないかも。	北西、南東	黄色
26	月	大安／申酉	センスのいい手土産が評価を上げます。控えめな態度が○。	南西	水色
27	火	赤口／申酉	昔の友人のトラブルに巻き込まれそう。先輩に相談してみて。	北、南西	金色
28	水	先勝／戌亥	♣たくさん話すことで経験が蓄積されます。笑顔を忘れないこと。	北、南、東	ペパーミントグリーン
29	木	友引／戌亥	今日のひらめきはチャンスにつながるかも。花を飾ると吉。	南、北東、南西	ワインレッド

静運 2024.3.5～2024.4.3

開運3か条

- お墓参りをする
- ゴールドを身につける
- 冷蔵庫の掃除をする

欲張らず、謙虚な姿勢が大切

年度末を迎え忙しくなりますが、気持ちは安定を求めます。活発に社会活動をするより、家の中のことに目を向けてください。インテリアを春バージョンにしたり、料理を楽しんだり、エコに取り組むなど生活を楽しみましょう。生活習慣を見直し、ルーティンを大切にすること。そして家族とのコミュニケーションを深める時間を持つようにしてください。親戚からの相談ごともありそうですが、親身になってあげて。何事も丸く収めるようにしてください。

急なスケジュール変更があり、思うように時間が使えなくなるかも。イライラして強い態度に出ると敵をつくります。周囲の声をよく聞き、欲張らないように。何事も腹八分目で満足することが大切です。

3月の吉方位	北、南西
3月の凶方位	南、東、西、北東、北西、南東

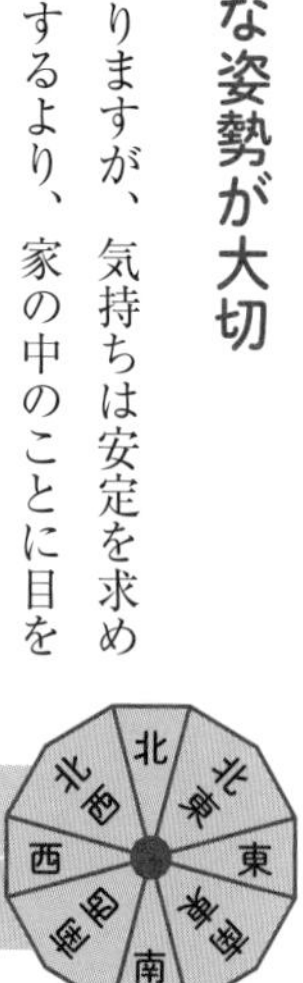

この天中殺の人は要注意

寅《とら》卯《う》天中殺

友人からの頼まれごとは安請け合いすると後々大変なのですぐには引き受けないこと。また、不動産の物件探しや契約を結ぶのは避けたほうが無難。噂話に加わると、信頼を失うことにつながります。

仕事運

集中力や判断力が落ちているので、つまらないミスをしてしまいます。目の前にある仕事に集中し、ペースを崩さないようにしてください。デスクの片づけやパソコンデータの整理をし、冷静になりましょう。スケジュールを調整し、仕事は早めに切り上げること。プライベートを充実させると運気が整います。

金運

衝動買いをして散財するなど金運は不安定です。買い物はセール情報をチェックし、リストを作ってからに。昼食に手作り弁当を持参すると食費をセーブできて体調面にもいい変化がありそう。へそくりを始めるなど、貯蓄を減らさない努力が大切です。

愛情運

新しい出会いは期待しないほうがよさそうです。無理に動くとトラブルに巻き込まれるので、なるべく静かに過ごしましょう。今後の運気上昇に備え、自分磨きに時間を使うのはおすすめです。パートナーがいる人は、聞き役に徹すること。ネガティブな言葉を口にすると、関係がギクシャクしてしまうので気をつけて。

3月のおそうじ風水 ▸ **キッチンのゴミ箱。外側やふた裏もきれいに。**

日	六曜／天中殺 祝日・歳時記	毎日の過ごし方	吉方位	ラッキーカラー
		★強運日 ♠要注意日 ♥愛情運 ◆金運 ♣人間関係運		
1 金	先負／子丑	目標を小さく設定し、達成感を味わって。昼食はおにぎりが吉。	北	キャメル
2 土	仏滅／子丑	♠思うようにいかないなら、バスグッズを新しいものに替えて。	西、北西	白
3 日	大安／寅卯 桃の節句（ひな祭り）	★ホテルのアフタヌーンティーでひな祭りを祝うと運気アップ。	北東、北西	赤
4 月	赤口／寅卯	迷っているなら断ってＯＫ。デスクを片づけると気が整います。	西、南東	ピンク
5 火	先勝／辰巳 啓蟄	◆友人との交流が増えます。口角を上げるリップメイクで開運。	北西、南東	黄色
6 水	友引／辰巳	意外とポイントが貯まっているかも。お得に買い物して。	南西	銀色
7 木	先負／午未	プライベートが充実するようにスケジュールを調整すると吉。	北、南西	金色
8 金	仏滅／午未	付き合う相手は慎重に選ぶこと。玄関を掃除してから外出を。	北、南、東	青
9 土	大安／申酉	♥枕元に好きな香水の瓶を置いて寝ると、良縁に恵まれるかも。	南、北東、南西	ワインレッド
10 日	友引／申酉	スローモードで過ごして。ベランダ菜園を始めると運気回復。	北	キャメル
11 月	先負／戌亥	プレゼンには向かない日。目の前の仕事をクリアすること。	西、北西	紺色
12 火	仏滅／戌亥	結果が出ますが真摯に受け止めて。身だしなみを整えて外出を。	北東、北西	赤
13 水	大安／子丑	相談ごとはまず家族に話して。昼食はしっかり食べてチャージ。	西、南東	黄色
14 木	赤口／子丑 ホワイトデー	少しかわいいテイストを取り入れると、願いが叶うかも。	北西、南東	白
15 金	先勝／寅卯	気持ちが充実しますがやりすぎに注意。シルバーがラッキー。	南西	青

16	土	友引／寅卯	家族とゆっくり過ごして。テーブルの真ん中に花を飾ると○。	北、南西	クリーム色
17	日	先負／辰巳 彼岸入り	お墓参りにいきましょう。和室で食事をすると開運します。	北、南、東	黄緑
18	月	仏滅／辰巳	物事は最後までやり抜くこと。レモンマリネがラッキー。	南、北東、南西	赤
19	火	大安／午未	サポート役で誰かを輝かせて。思いがけない抜擢《ばってき》があるかも。	北	キャメル
20	水	赤口／午未 春分の日	現状維持でＯＫ。日帰りでもいいので温泉に浸かりましょう。	西、北西	黒
21	木	先勝／申酉	よくも悪くも予想外の展開です。きちんと記録に残すように。	北東、北西	紫
22	金	友引／申酉	慎重な舵とりが大事。スケジュールはアプリと手帳で管理を。	西、南東	ピンク
23	土	先負／戌亥 彼岸明け	会食の機会が増えますが、食べすぎには注意しましょう。	北西、南東	赤
24	日	仏滅／戌亥	強気になるとトラブルを招きます。時計のメンテナンスを。	南西	水色
25	月	大安／子丑	人に逆らわず、丸く収める努力を。乳製品を食べると吉。	北、南西	金色
26	火	赤口／子丑	♣ 周囲の協力でスムーズに運びます。報連相を忘れないこと。	北、南、東	ペパーミントグリーン
27	水	先勝／寅卯	チャンスなら行動して。寄席に行くと刺激をもらえます。	南、北東、南西	茶色
28	木	友引／寅卯	地道な努力が大事。疲れたら公園を散歩して緑を見ましょう。	北	キャメル
29	金	先負／辰巳	水回りの掃除をすると運気が回復。気持ちを穏やかに保って。	西、北西	紺色
30	土	仏滅／辰巳	焦燥感に駆られるかも。日中は外出して陽光《ようこう》を浴びましょう。	北東、北西	ベージュ
31	日	大安／午未	環境に変化がありそう。部屋に新しいアイテムを飾ると吉。	西、南東	黄色

2024
April

4月

結実運 2024.4.4 〜 2024.5.4

開運3か条
- タクシーに乗る
- 本棚の掃除
- 帽子のおしゃれ

活気にあふれ、運勢は好転中

気力・体力ともに十分なので、どんどん前進してください。あなたがリーダー役になり、チームを引っ張っていきましょう。コミュニケーション力を発揮し、周囲への気配りを忘れなければ、成果を手にすることができるはず。また、培ってきた経験や知識が目上の人から評価されて昇進につながる可能性も。起業家や経営者のネットワークのメンバーになるチャンスも待っています。ただ、調子がよく、ついつい自信過剰になりがち。ビッグマウスになると、周囲の信頼を失うことになります。お互いに尊重しあう関係をつくることが大切です。

GWは名所旧跡や博物館を訪ね、悠久の時の流れを感じましょう。本物を見分ける審美眼を養うことができれば、さらに運気は開けます。

4月の吉方位	南西
4月の凶方位	北、南、東、西、北東、北西、南東

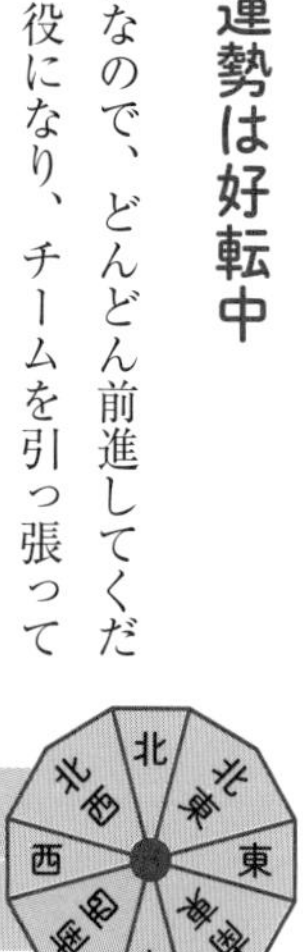

この天中殺の人は要注意

辰《たつ》巳《み》天中殺

落雷に遭ったような衝撃的なことが起きそう。かなり体力を消耗するので、柑橘類でビタミンC補給を心がけてください。詐欺に遭いやすい運気になります。十分に注意してください。

仕事運

運気の波にのり、自信を持って進むことができます。あなたらしく洗練された物腰で振舞えば、さらなるステップアップを期待できそう。上司や目上の人の引き立てもあり、ポジション獲得のチャンスもめぐってきます。上昇志向が強くなりますが、周囲の意見は真摯に聞くこと。礼儀や身だしなみにも気を配りましょう。

金運

仕事への熱意が金運につながります。昇給や思わぬ副収入も期待できますが、好きなだけ使っているとすぐに底をつくので気をつけて。身だしなみや勉強にかかる費用はプールしておきましょう。欲しいものは予算を決めてから購入すること。

愛情運 **※辰巳天中殺の人は新しい出会いは先にのばして**

仕事が忙しく、プライベートはおざなりになりがち。仕事がきっかけで恋愛関係に発展する出会いは期待できそうです。社交的なあなた、チャンスを生かし、素敵なご縁をキャッチしましょう。パートナーがいる人は、ふたりで過ごす時間が短くなりそう。お花見をかねて名所旧跡を一緒に楽しみましょう。

4月のおそうじ風水 ▶ **仕事部屋。余分なものを処分し、机を拭く。**

日	六曜／天中殺 祝日・歳時記	毎日の過ごし方 ★強運日 ♠要注意日 ♥愛情運 ◆金運 ♣人間関係運	吉方位	ラッキーカラー
1 月	赤口／午未	これまで築いた信頼関係を大切にして。カフェでひと休みを。	北西、南東	金色
2 火	先勝／申酉	予想外の出費があるかも。ハンカチは上質なものを選んで。	南西	青
3 水	友引／申酉	恋人に裏切られる可能性が。戦うのではなく、静観しましょう。	北、南西	クリーム色
4 木	先負／戌亥 清明	あなたのイメージ通りになります。友人と食事に出かけて。	北、南、東	銀色
5 金	仏滅／戌亥	思いつきの計画はＮＧ。サラダにはレモンのドレッシングを。	南、北東、南西	ワインレッド
6 土	大安／子丑	本調子ではないのでゆっくり。ベランダで春の花を育てて。	北	山吹色
7 日	赤口／子丑	家で静かに過ごして。好きなドラマを一気に観るのもあり。	西、北西	黒
8 月	先勝／寅卯	よくも悪くも目立つ存在に。領収書はきちんと保管すること。	北東、北西	ベージュ
9 火	先負／寅卯	流れに逆らわないこと。食事の前にテーブルを拭きましょう。	西、南東	ピンク
10 水	仏滅／辰巳	お誘いが来たら断らないで。ＳＮＳで話題のスイーツを買うと吉。	北西、南東	白
11 木	大安／辰巳	段取りを決めてから動きましょう。上司の話は素直に聞いて。	南西	銀色
12 金	赤口／午未	帰宅後は家でゆっくり。夕食はデリバリーのピザがおすすめ。	北、南西	キャメル
13 土	先勝／午未	♣出入口に置いた物を片づけること。チャンスを生かせます。	北、南、東	青
14 日	友引／申酉	自己主張はほどほどに。寝室のぬいぐるみは片づけましょう。	南、北東、南西	碧（深緑）
15 月	先負／申酉	打算で動くと思われるかも。素焼きのブローチがお守りに。	北	山吹色

16	火	仏滅／戌亥 土用	♠ひと息ついて体力温存。プリーツのある服で出かけましょう。	西、北西	白
17	水	大安／戌亥	★全力投球すれば素晴らしい結果に。名刺を持ち歩くと吉。	北東、北西	オレンジ
18	木	赤口／子丑	不満を他人にぶつけないこと。落ち着くまでベンチに座って。	西、南東	キャメル
19	金	先勝／子丑 穀雨	◆仕事への意欲が高まり金運上昇。キラキラ光るアイテムが◯。	北西、南東	金色
20	土	友引／寅卯	欲が出ますが、考えて行動すること。移動は車を利用して。	南西	白
21	日	先負／寅卯	気持ちは安定しますが衝動買いに注意。エコ商品の購入はＯＫ。	北、南西	黄色
22	月	仏滅／辰巳	報連相を徹底しましょう。キッチンカーでランチを買って。	北、南、東	黄緑
23	火	大安／辰巳	♥鳥の鳴き声で目覚めると、素敵な出会いを引き寄せます。	南、北東、南西	赤
24	水	赤口／午未	結果が出なくても焦らないこと。機能的なバッグがラッキー。	北	山吹色
25	木	先勝／午未	職場で孤立無援になりそう。下着のおしゃれで気分を上げて。	西、北西	紺色
26	金	友引／申酉	対人関係に入れ替わりがあるかも。出費はセーブしましょう。	北東、北西	ベージュ
27	土	先負／申酉	住まいに関する情報を集めるといい日。上手に選択できます。	西、南東	ピンク
28	日	仏滅／戌亥	レジャーを楽しんでＯＫ。費用はやりくりして捻出すること。	北西、南東	金色
29	月	大安／戌亥 昭和の日	心身ともに活気にあふれます。アウトレットでの買い物が吉。	南西	白
30	火	赤口／子丑	注目されたいなら部屋の中央へ。先輩のアドバイスは聞いて。	北、南西	クリーム色

2024
May
5月

金運　2024.5.5 ～ 2024.6.4

開運3か条

- デンタルケアをする
- ホームパーティーを開く
- アクセサリーをつける

趣味やレジャーを楽しめる幸運期到来

初夏のさわやかな風の中、趣味やレジャーを楽しめる運気です。新しい友人や仲間も増え、楽しい時間を過ごせるでしょう。会食のお誘いには、積極的に参加してください。気持ちにもゆとりが出て、幸福感に包まれそう。また、トレンドに敏感になると運気が開けます。さまざまな人との交流が増えますが、好印象を与えるために身だしなみはもちろん、笑顔を忘れないようにしてください。常に口角を上げるようにし、笑うときは歯を見せるように。美しい口元をキープするために、デンタルケアは念入りにしましょう。

華やかな雰囲気の中で過ごすことが多くなりますが、注意しないと浮き足立って不誠実な対応をとりがち。やるべきことをしっかりクリアすることが大切です。

5月の吉方位	南東
5月の凶方位	北、南、東、西、北東、南西、北北西

この天中殺の人は要注意

辰《たつ》巳《み》天中殺

油断が大きなミスにつながります。どんなことも手を抜かず、ダブルチェックを忘れないように。頑固になると、身動きがとれなくなります。相談ごとは実母か、子どもを持つ女性の友人に。

仕事運

気持ちが浮ついて普段はしないようなミスをしそう。まじめに取り組めばどんな仕事もうまくいきますが、大事な会議や交渉ごとには特に気を引き締めてのぞむようにしてください。幹事役が回ってきたら、快く引き受けましょう。人との交流がチャンスにつながるので、お誘いはなるべく断らないように。

金運

楽しむことで活性化する運気。趣味やレジャーなどプライベートでの支出は増えますが、金運そのものは好調です。キャッシュレス決済も含め、予算を決めてその範囲内で収めるようにしましょう。お金に頓着がないあなたですが、お財布の中は整理すること。

愛情運 **※辰巳天中殺の人は新しい出会いは先にのばして**

数多くの出会いから、恋のチャンスも増えます。これまで築いてきた交友関係の中にも良縁がありそう。積極的に動いていいときですが、まじめにお付き合いできる相手かどうかはきちんと見極めましょう。出会いが多いので、なかにはトラブルメーカーもいそうです。パートナーとは旅行やレジャーを思い切り楽しんで。

5月のおそうじ風水 ▶ **ジュエリー。お手入れをして、見せる収納を。**

★強運日　♠要注意日　♥愛情運　◆金運　♣人間関係運

日	曜	六曜／天中殺 祝日・歳時記	毎日の過ごし方	吉方位	ラッキーカラー
1	水	先勝／子丑 八十八夜	♣人の集まる場所に出かけて。茶道を体験すると運気がアップ。	北、南、東	ペパーミントグリーン
2	木	友引／寅卯	テンションが上がってハッピーな気分でも、早口はＮＧです。	南、北東、南西	ワインレッド
3	金	先負／寅卯 憲法記念日	焦らないこと。レンガ造りの建物に行くと運気が回復します。	北	山吹色
4	土	仏滅／辰巳 みどりの日	♠家で静かにパワーチャージ。観葉植物で気の流れをよくして。	西、北西	水色
5	日	大安／辰巳 こどもの日 立夏	★アウトドアレジャーを思い切り楽しんで。運気が上がります。	北東、北西	紫
6	月	赤口／午未 振替休日	実家に帰って家族と過ごしましょう。手土産は最中がおすすめ。	西、南東	キャメル
7	火	先勝／午未	◆出費をセーブすれば万事うまくいきます。チャンス到来。	北西、南東	赤
8	水	仏滅／申酉	朝ご飯はしっかり食べること。得意なことを生かせます。	南西	銀色
9	木	大安／申酉	単なる噂話に気をとられないように。手作りのお弁当が吉。	北、南西	黄色
10	金	赤口／戌亥	新しい知り合いとトラブルになりそう。ハーブティーで休憩を。	北、南、東	黄緑
11	土	先勝／戌亥	♥部屋にブーケアレンジの花を飾って。素敵な人が現れるかも。	南、北東、南西	茶色
12	日	友引／子丑 母の日	あたたかみのある陶器をプレゼントしましょう。手料理も◯。	北	黒
13	月	先負／子丑	自分の考えに固執しないこと。ゆったりお茶を飲みましょう。	西、北西	紺色
14	火	仏滅／寅卯	日中はなるべく屋外で過ごして。日焼け止めを忘れないこと。	北東、北西	ベージュ
15	水	大安／寅卯	感情で判断しがち。ランチはハンバーグなどをしっかりと。	西、南東	キャメル

16	木	赤口／辰巳	デンタルケア製品をチェック。美しい口元が運気上昇の鍵に。	北西、南東	金色
17	金	先勝／辰巳	キャッシュレス決済分をしっかりチェックしましょう。	南西	白
18	土	友引／午未	これまでの暮らしを見つめ直し、生活習慣を整えましょう。	北、南西	クリーム色
19	日	先負／午未	ネットワークを生かし新しいことを始めて。玄関を掃除すると○。	北、南、東	青
20	月	仏滅／申酉 小満	年下の人と話すと新しいヒントが。花モチーフのアイテムが吉。	南、北東、南西	碧（深緑）
21	火	大安／申酉	油断禁物。与えられた課題をコツコツ丁寧にこなしましょう。	北	山吹色
22	水	赤口／戌亥	仕事での人間関係にトラブルが。穏やかな気持ちを保って。	西、北西	水色
23	木	先勝／戌亥	チャレンジのとき。少々のリスクなら新規案件に取り組んで。	北東、北西	赤
24	金	友引／子丑	健康診断や人間ドックを受けましょう。冷静になれます。	西、南東	ピンク
25	土	先負／子丑	なんでもまじめに取り組んでみて。楽しむことでいい運気に。	北西、南東	黄色
26	日	仏滅／寅卯	繁華街の寿司店で食事をすると、気持ちが前向きになります。	南西	青
27	月	大安／寅卯	ゆとりを持って行動しましょう。植物の水やりを忘れないで。	北、南西	キャメル
28	火	赤口／辰巳	友人が味方になってくれそう。昼食はうどんが評判のお店で。	北、南、東	ペパーミントグリーン
29	水	先勝／辰巳	♥ サラダにスプラウトをトッピングして。幸せを引き寄せます。	南、北東、南西	ワインレッド
30	木	友引／午未	地道な努力が大事。ヨガやストレッチを朝活に取り入れて。	北	黒
31	金	先負／午未	落ち込んでいるなら、シャワーを浴びてすっきりしましょう。	西、北西	紺色

2024
June

6月

改革運　2024.6.5 〜 2024.7.5

（開運3か条）
- 検診を受ける
- 整理整頓をする
- フードロスを減らす

変化に抗《あらが》わず、内面の充実をはかること

今までの好調さから一転、運気が変わるときです。前進するより、立ち止まって自分の足元を見つめ直してください。思い通りに進めてきたことが、急な変更を迫られたり、信頼していた人間関係に変化があったりしてとまどうかもしれません。変化はそのまま受け入れ、柔軟に対応することが大切です。自然と安定を求める気持ちも高まります。何事もリスクを避けることが運気を安定させることにつながります。運気そのものは高い位置にあるので、前向きにとらえましょう。

スキルアップのための勉強やイメージチェンジなど自分磨きに適した時期ですが、それ以外はひとりで静かに過ごすようにしてください。それが次の飛躍のためのエネルギーになります。

6月の吉方位	南東
6月の凶方位	北、南、東、北東、北西、南西

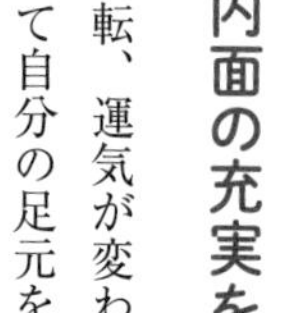

この天中殺の人は要注意

午《うま》未《ひつじ》天中殺

子どもや部下に関するアクシデントが起きそう。助けを求めても、応えてくれる人は少ないかもしれません。思い込みで行動すると、周囲の信頼を失うことになります。静かに過ごすように努めて。

仕事運

転勤や異動などで、慣れない仕事を引き継ぐことになるかもしれません。今月は周囲の流れに逆らわず、自分から動くことは控えること。スケジュールを調整し、やるべきことに集中しましょう。ただし、受け身の姿勢でいても安請け合いはしないように。現状維持か安全策を選べば、運気は安定します。

金運

手元にあるお金を維持することに集中しましょう。キャッシュレス決済も週単位でチェックし、大きな買い物は控えること。将来に向けたマネープランを考え、貯蓄の見直しをするといいとき。資格取得など自己投資に関する費用は出してOKです。

愛情運

さまざまな場面で変化はありますが、新しい出会いは期待できません。気になる人へのアプローチも控えたほうがいいでしょう。現状から逃れたいという思いから、結婚願望が強くなりますが、今はそのときではありません。パートナーがいる人は、一緒に高いところに登ると、次のステップへの弾みになりそうです。

6月のおそうじ風水 ▸ **引き出しの中身を整理し、水拭きして。**

日	六曜／天中殺 祝日・歳時記	毎日の過ごし方 ★強運日 ♠要注意日 ♥愛情運 ◆金運 ♣人間関係運	吉方位	ラッキーカラー
1 土	仏滅／申酉	出費はセーブして。家でゆっくりダンス動画を観ましょう。	北東、北西	オレンジ
2 日	大安／申酉	お寺のイベントに参加すると吉。寺カフェでゆっくりしても。	西、南東	キャメル
3 月	赤口／戌亥	気を引き締め笑顔で過ごして。ハイブランドのアイテムが○。	北西、南東	金色
4 火	先勝／戌亥	仕事で素敵な出会いがありそう。恋愛に発展する可能性あり。	南西	銀色
5 水	友引／子丑 芒種	人の失敗から気づきが。年長者のアドバイスは素直に聞いて。	北、南西	黄色
6 木	大安／子丑	♣ニュースをチェックし会話の糸口にして。助っ人が現れます。	北、南、東	黄緑
7 金	赤口／寅卯	♥始めたことは最後までやり抜くこと。運に弾みがつきます。	南、北東、南西	茶色
8 土	先勝／寅卯	疲れているかも。芝生に寝転んでリフレッシュしましょう。	北	山吹色
9 日	友引／辰巳	♠力を抜き内面の充実をはかって。家族と温泉に行くと運気回復。	西、北西	黒
10 月	先負／辰巳 入梅	忙しくて気持ちが落ち着かないかも。大切なことは日中に。	北東、北西	ベージュ
11 火	仏滅／午未	リスクはとらないこと。食卓はきちんと拭いてから使って。	西、南東	ピンク
12 水	大安／午未	◆人へのご馳走やプレゼントを贈ることで、運気が上昇します。	北西、南東	黄色
13 木	赤口／申酉	強気はトラブルのもと。忙しいならタクシーなどで時短して。	南西	白
14 金	先勝／申酉	売れ残り品に福があるかも。収支のバランスを崩さないこと。	北、南西	クリーム色
15 土	友引／戌亥	美容院でイメージチェンジをして。チャンスに恵まれます。	北、南、東	ペパーミントグリーン

16	日	先負／戌亥 父の日	華やかなブーケを贈ると喜ばれます。感謝の言葉も伝えて。	南、北東、南西	ワインレッド
17	月	仏滅／子丑	ベッドのシーツを替えてから外出を。先の見通しがつきます。	北	山吹色
18	火	大安／子丑	焦らないで。噴水など水のある場所に行くと落ち着きます。	西、北西	黒
19	水	赤口／寅卯	★大きなチャレンジのとき。おしゃれして出かけましょう。	北東、北西	赤
20	木	先勝／寅卯	体調に変化を感じたら、体にいい食事を自分で作って。	西、南東	金色
21	金	友引／辰巳 夏至	チャンスを生かせます。友だちとキャンドルナイトを楽しんで。	北西、南東	白
22	土	先負／辰巳	買い物は値段より品質を重視。メロンスイーツを食べると吉。	南西	銀色
23	日	仏滅／午未	八方塞《ふさ》がりかも。夏に向けて快眠アイテムを新調しましょう。	北、南西	黄色
24	月	大安／午未	♣パスタが評判の店に同僚と行って。いいヒントをもらえそう。	北、南、東	青
25	火	赤口／申酉	♥好きなアーティストの新曲を聴くと、幸せを引き寄せます。	南、北東、南西	赤
26	水	先勝／申酉	目立つ行動は控えること。スポーツ系の趣味を始めると吉。	北	クリーム色
27	木	友引／戌亥	♠焦って何も手につかないかも。ゆったりお茶を飲みましょう。	西、北西	紺色
28	金	先負／戌亥	白黒はっきり出ます。ひまわりの写真を待ち受けにすると○。	北東、北西	オレンジ
29	土	仏滅／子丑	少しトーンダウンしたほうがいいかも。鏡を持って出かけて。	北東、北西	オレンジ
30	日	大安／子丑	勉強や趣味に打ち込んで。寝る前には翌日の洋服の準備を。	西、北西	白

2024 July

7月

頂上運 2024.7.6～2024.8.6

開運3か条
- 窓を磨く
- 海辺へ行く
- プレゼントをする

❊身だしなみを整え、全力で前進を！

9つの運気の中で一番強い頂上運がめぐってきました。どんなことでもうまくいきそうな、勢いがある運気です。全力投球で前進しましょう。これまで積み重ねてきた努力が認められ、高い評価を得る人もいるでしょう。スポットライトがあたるチャンスもありそうです。周囲からの引き立て運もあるので、どんなときでも自信を持てるように、常に身だしなみを整えておくこと。幸運なことがあったら、それは周囲のサポートがあってこそだと考え、小さなプレゼントなどを贈り、喜びを分かち合いましょう。

幸運を実感できない人は、まだ努力が足りないという運気からのアドバイスだと考えてください。新たな一歩を踏み出す気持ちで努力を重ねましょう。

7月の吉方位	東北東、北北西
7月の凶方位	北、南、東、西、南東、南西、北北東

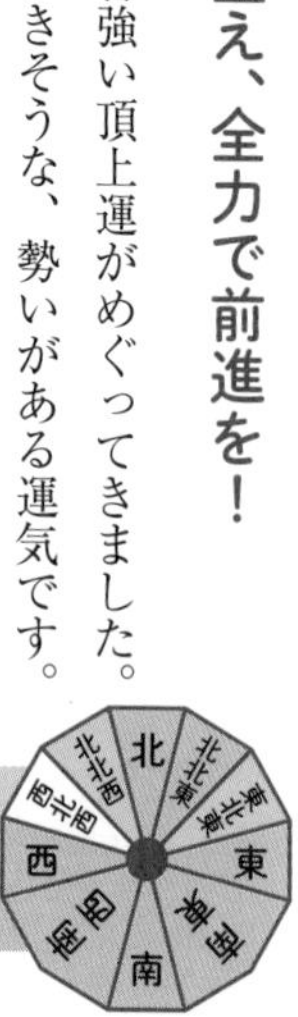

この天中殺の人は要注意

午《うま》未《ひつじ》天中殺

思いもよらない事態に慌てそうです。状況は静かに受け入れるしかありません。契約書や委任状の記入は、他の人のチェックを受けること。不満を口にするとさらに運気が下がるので注意してください。

仕事運 **※午未天中殺の人は新しい仕事は先にのばして**

努力をしてきたことが結果としてあらわれます。昇進や昇格、念願のプロジェクトへの抜擢など、目に見えて好調さを実感できるでしょう。商談なども自信を持ってのぞみ、周囲の期待に応えてください。忙しく集中力が欠如しがちなので、ケアレスミスに注意。特に、契約書などの取り扱いには慎重になりましょう。

金運

仕事の成功に伴い、収入アップを期待できます。でも、高級なものを身につけたいという気持ちが強くなり、出費が増えそう。本当に欲しいと思っているものならいいのですが、感情のおもむくままに買い物をすると後悔します。お財布の紐《ひも》は固く締めましょう。

愛情運 **※午未天中殺の人は新しい出会いは先にのばして**

周囲から注目され、出会いの機会はたくさんあります。恋愛に真剣に向き合ってきた人はいいご縁に恵まれますが、八方美人的な振舞いをすると交際には発展しないでしょう。勢いがある運気なので、愛情の押し売りにならないように。パートナーにはささいなことでも報告し、嬉しいことがあったら幸せをおすそ分けして。

7月のおそうじ風水 ▶ **リビング。窓を磨いて太陽の光を入れて。**

日	六曜／天中殺 祝日・歳時記	毎日の過ごし方 ★強運日 ♠要注意日 ♥愛情運 ◆金運 ♣人間関係運	吉方位	ラッキーカラー
1 月	赤口／寅卯 半夏生	周囲との連携を大切に。夜寝るときはパジャマを着ること。	北	黒
2 火	先勝／寅卯	迷わず行動すると○。携帯電話の着信音を変えるとラッキー。	南、北東、南西	茶色
3 水	友引／辰巳	♣友人の紹介で新たな人脈ができそう。チャンスを生かして。	北、南、東	黄緑
4 木	先負／辰巳	うまくいかないかも。余裕を持って行動してトラブル回避を。	北、南西	黄色
5 金	仏滅／午未	心のゆとりを大切に。仕事後にパソコンデータを整理して。	南西	青
6 土	赤口／午未 小暑	◆好奇心のおもむくまま動いてＯＫ。運気が味方をしてくれます。	北西、南東	赤
7 日	先勝／申酉 七夕	笹飾りに願いを託し、七夕そうめんを。気が浄化されます。	西、南東	キャメル
8 月	友引／申酉	落ち着かないのでケアレスミスをしそう。出費はセーブを。	北東、北西	ベージュ
9 火	先負／戌亥	♠余力はないので静かに過ごすこと。コットン素材で運気回復。	西、北西	紺色
10 水	仏滅／戌亥	着地点が見えなくても努力して。冷奴と枝豆を食べると○。	北	クリーム色
11 木	大安／子丑	♥自分へのご褒美を買って、テンションを上げると運気も上昇。	南、北東、南西	碧（深緑）
12 金	赤口／子丑	行き違いに注意。友人に連絡して旧交をあたためましょう。	北、南、東	ペパーミントグリーン
13 土	先勝／寅卯	スケジュールを調整し、家族と過ごす時間を大切にして。	北、南西	金色
14 日	友引／寅卯	グルメを楽しんでいい日。高層階のレストランがおすすめ。	南西	水色
15 月	先負／辰巳 海の日	上手にやりくりをするならショッピングは吉。贈り物もＯＫ。	北西、南東	白

16	火	仏滅／辰巳	選択を誤らないように。自炊や手作りのお弁当で体調管理を。	西、南東	ピンク
17	水	大安／午未	★エネルギー満タンでチャレンジできます。朝、鏡を磨くと吉。	北東、北西	赤
18	木	赤口／午未	内面の充実を心がけること。資産運用に関する情報を集めて。	西、北西	黒
19	金	先勝／申酉 土用	根回しが大事な日。お茶を運ぶときはお盆を使いましょう。	北	山吹色
20	土	友引／申酉	自己主張はほどほどに。ノースリーブのコーデで出かけて。	南、北東、南西	赤
21	日	先負／戌亥	マナー教室に参加すると○。新しい可能性を探りましょう。	北、南、東	青
22	月	仏滅／戌亥 大暑	注目されたいなら部屋の真ん中に座って。植木の水やりを。	北、南西	黄色
23	火	大安／子丑	重職にある人と話す機会がありそう。身だしなみを整えて。	南西	銀色
24	水	赤口／子丑	◆食後の歯磨きで口元を美しく。モチベーションが上がります。	北西、南東	金色
25	木	先勝／寅卯	現状を変えたくなっても我慢。不用品の整理でリフレッシュ。	西、南東	キャメル
26	金	友引／寅卯	デスクを片づけ、おしゃれな文房具を置いて。気が整います。	北東、北西	紫
27	土	先負／辰巳	♠穏やかに過ごしたい日。夏祭りで金魚すくいをしましょう。	西、北西	水色
28	日	仏滅／辰巳	欲張らないこと。田園風景を眺めるとパワーアップできます。	北	黒
29	月	大安／午未	♥丁寧な言葉遣いをすると恋愛運アップ。おしゃれして外出を。	南、北東、南西	ワインレッド
30	火	赤口／午未	窓を開けて風を通しましょう。交渉ごとがうまくいきそう。	北、南、東	銀色
31	水	先勝／申酉	前進は控えること。日陰で休憩して気持ちをリセットして。	北、南西	黄色

2024 August

8月

停滞運　2024.8.7 ～ 2024.9.6

開運3か条
- ミネラルウォーターを飲む
- 下着のおしゃれをする
- 打ち水をする

お休みモードでエネルギー充電を

夏休みで旅行やイベントなど楽しい予定が目白押し！それなのに、まるで冬ごもりのような運気です。無理をすればするほど八方塞がりの状態に。誤解や手違いからトラブルに発展することもあります。社交上手なあなたですが、今月はひとりの時間を充実させてください。読書や観劇、講演会など教養を深めるアクションもおすすめ。疲れを感じたら水辺を散歩したり、水回りの掃除をしたりしてパワーを充電し、邪気祓いをしましょう。

旅行はゆったりとしたスケジュールを組み、無理はしないこと。温泉やスパでのんびり過ごすのもおすすめです。入浴後はローションパックで肌に潤いを与えましょう。冷えは邪気になるので、靴下を履くなど冷房対策も忘れないようにしてください。

8月の吉方位	北北西
8月の凶方位	北、南、東、北東、南東、南西

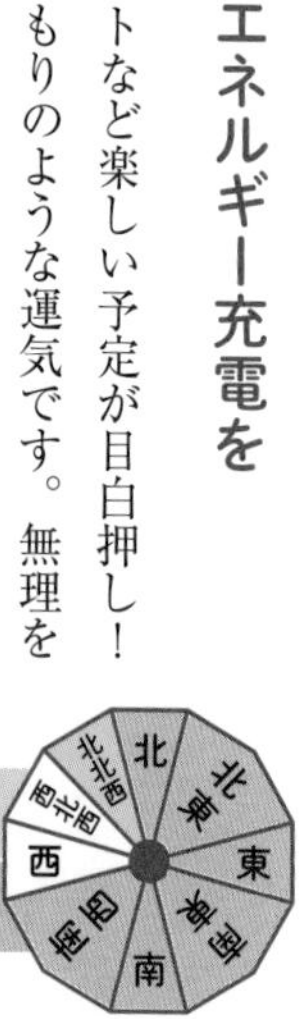

この天中殺の人は要注意

申《さる》酉《とり》天中殺

マイペースを心がけ、周囲に引きずられないようにしましょう。新しいことに手を出さず、リスクをとらないこと。家や土地にかかわる話には慎重に対応することが重要です。熱中症に注意してください。

仕事運

気力・体力ともに低下し、実力を発揮できません。頑張ろうとしても空回りするだけ。自分から発言や提案をするのは控え、目の前の仕事を淡々とこなしましょう。余力はないので、現状維持ができればOKです。うまくいかないからと不満を口にすると運気を下げるので気をつけて。北西にカレンダーを置くと運気が整います。

金運

増やすより、減らさない努力が必要です。冷蔵庫の食品を使い切ったりお弁当を作ったりして出費をセーブしましょう。買い物もリストアップしてから。判断力もないので大きな買い物は控えて。教養やスキルアップのための自己投資の費用は出してOKです。

愛情運

良縁には恵まれません。気持ちが落ち込み、精神的な支えを求めがちですが、そんなときほど不誠実な人が近づいてきます。人を見る目も鈍っているので、この時期の出会いにはあまり期待しないほうがよさそうです。パートナーとは海辺のリゾートやシティホテルのプールなどで、ゆっくり過ごす夏休みがおすすめです。

8月のおそうじ風水 ▶ **トイレ。掃除をして、スリッパなどは洗濯を。**

日	六曜／天中殺 祝日・歳時記	毎日の過ごし方 ★強運日 ♠要注意日 ♥愛情運 ◆金運 ♣人間関係運	吉方位	ラッキーカラー
1 木	友引／申酉	円満に物事が進みます。ゴールドのアクセサリーをつけて。	南西	白
2 金	先負／戌亥	お金に余裕があるならご馳走して。チャンスに恵まれます。	北西、南東	赤
3 土	仏滅／戌亥	変化にうまく対応すること。ヘアアクセサリーで新しい髪型に。	西、南東	金色
4 日	先勝／子丑	★ ひまわりを見るとパワーを充電できます。幸せはおすそ分けを。	北東、北西	オレンジ
5 月	友引／子丑	♠ 健康チェックをすること。ミネラルウォーターを持ち歩いて。	西、北西	紺色
6 火	先負／寅卯	物事は慎重に進めて。ローテーブルで食事をすると運気回復。	北	黒
7 水	仏滅／寅卯 立秋	あなたのアイデアが注目の的に。レモンマリネを食べると◯。	南、北東、南西	赤
8 木	大安／辰巳	♣ 人とたくさん話すとそれだけ経験も増えます。笑顔で挨拶を。	北、南、東	ペパーミントグリーン
9 金	赤口／辰巳	スケジュールを調整し、プライベートを充実させましょう。	北、南西	金色
10 土	先勝／午未	予想外の出費のために軍資金は必要。副収入の道も検討して。	南西	青
11 日	友引／午未 山の日	仲間とレジャーを楽しむと吉。金銭の貸し借りはしないこと。	北西、南東	白
12 月	先負／申酉 振替休日	家族と過ごしたい日。離れて暮らすなら電話で生の声を届けて。	西、南東	黄色
13 火	仏滅／申酉 お盆(→8/16)	集中しないと思わぬ失敗をしそう。特に書類の扱いは注意。	北東、北西	ベージュ
14 水	大安／戌亥	お墓参りで墓石に水をたっぷりかけて。気が楽になります。	西、北西	水色
15 木	赤口／戌亥	先の見通しがつきます。テラコッタのアイテムを飾ると◯。	北	山吹色

16	金	先勝／子丑	♥ 素敵な出会いに恵まれます。昂る感情はピアノ曲で鎮めて。	南、北東、南西	茶色
17	土	友引／子丑	遠方から情報が入りますが、付き合う相手は慎重に選んで。	北、南、東	銀色
18	日	先負／寅卯	家で常備菜作りをしましょう。金箔入りのスイーツが吉。	北、南西	黄色
19	月	仏滅／寅卯	目上の人の信頼を得ます。忙しくても朝ご飯は食べること。	南西	白
20	火	大安／辰巳	◆ 趣味を充実させ、日常に華やぎをプラスすると運気がアップ。	北西、南東	赤
21	水	赤口／辰巳	なんでも引き受けるのではなく、ときには断る勇気も必要。	西、南東	キャメル
22	木	先勝／午未 処暑	★ 名誉や賞賛が手に入るかも。全力投球でチャレンジして。	北東、北西	紫
23	金	友引／午未	♠ 運気は低迷。トイレまわりのアイテムを洗濯して邪気祓いを。	西、北西	黒
24	土	先負／申酉	脇役に徹しましょう。公園のゴミ拾いなどボランティアが吉。	北	山吹色
25	日	仏滅／申酉	テンションアップも中途半端に終わりそう。失言に注意して。	南、北東、南西	碧（深緑）
26	月	大安／戌亥	♣ ネットワークを生かすとチャンス到来。自分にご褒美を。	北、南、東	ペパーミントグリーン
27	火	赤口／戌亥	過去の失敗を蒸し返されても冷静に。エコ商品を買うと○。	北、南西	キャメル
28	水	先勝／子丑	段取りを決めてから動いて。リーダー役が回ってくるかも。	南西	銀色
29	木	友引／子丑	気が大きくなって出費が増えがち。仕事に身を入れること。	北西、南東	黄色
30	金	先負／寅卯	環境に変化あり。デスクまわりを片づけると思考もクリアに。	西、南東	ピンク
31	土	仏滅／寅卯 二百十日	海辺のレストランで食事をすると○。おしゃれして出かけて。	北東、北西	オレンジ

2024
September

基礎運 2024.9.7〜2024.10.7

開運3か条
- 新米を食べる
- ボランティアをする
- 公園を散歩する

サポート役に徹し、基礎固めをする

復調の兆《きざ》しが見えはじめますが、まだ本調子ではありません。今後に向けての準備段階だと考えてください。下調べや情報収集に努め、実現可能な計画を立ててチャンスに備えましょう。少しずつやる気も湧いてきますが、まだ目立つ行動は控えたほうが無難。周囲のサポート役に徹しましょう。穏やかで忍耐力のあるあなたですから、周囲からの信頼も得られるはず。ただし、打算的になると失敗します。評価を求めず、あえて厳しい道を選んで進むと、実力アップにつながります。ステップアップのための勉強や技術の習得は成果があがりそう。

健康的な生活がパワーの源泉になります。生活習慣を見直し、ルーティンを大切にして生活にリズムをつけるようにしましょう。

9月の吉方位	北
9月の凶方位	南、東、西、北東、北西、南東、南西

この天中殺の人は要注意

申《さる》酉《とり》天中殺

仕事がおろそかになります。また、収支の管理がルーズになり、資金がショートするかも。なんとか危機をクリアしたと思っても、次の天中殺の谷が待っていそう。誘われても断り、ひとりでいるように。

仕事運

パワーは低めですが、先の見通しはついています。今月は新しいことには着手せず、補佐的な役割を引き受けましょう。持ち前の忍耐力を発揮し、与えられた課題を着実にこなしてください。ここで楽なほうに流されると、運気を下げるので気をつけて。キャリアアップのための勉強に取り組むなど、強固な地盤づくりを。

金運

手堅く進むときなので、大きな買い物は控えお金を減らさないように。目的意識を持つと無駄な出費はしなくなります。夢を実現するために必要な費用を調べ、マネープランを立てましょう。買い物をする際は、まずアウトレットやフリマアプリをチェックして。

愛情運

※申酉天中殺の人は恋愛には発展させないで

ドラマチックな展開はありませんが、この時期の恋愛は穏やかなものになります。同僚や昔の友だちから恋愛に発展する人がいるかもしれません。生活リズムを整えると、堅実な人と出会うチャンスに恵まれそうです。パートナーのいる人は現状維持で十分。休日はフルーツ狩りに出かけるなど、自然の中で過ごしましょう。

9月のおそうじ風水 ▶ **ベランダ。床を掃除し排水溝もチェック。**

	六曜／天中殺 祝日・歳時記	毎日の過ごし方 ★強運日 ♠要注意日 ♥愛情運 ◆金運 ♣人間関係運	吉方位	ラッキーカラー
1 日	大安／辰巳	防災グッズの点検を。賞味期限が近い食品は料理に使って。	西、北西	黒
2 月	赤口／辰巳	目標を小さくし達成感を味わって。ベランダを掃除すると○。	北	クリーム色
3 火	友引／午未	音楽アプリで心地いい音を検索。気持ちが前向きになります。	南、北東、南西	ワインレッド
4 水	先負／午未	仕事で協力者が現れます。玄関まわりを掃除してから出かけて。	北、南、東	銀色
5 木	仏滅／申酉	やけを起こさないこと。プライベートを優先し家でゆっくりと。	北、南西	金色
6 金	大安／申酉	仕事にやりがいを感じても強気はＮＧ。時計のメンテナンスを。	南西	水色
7 土	赤口／戌亥 白露	◆お誘いが来たら断らないで。楽しく過ごすことが開運の鍵に。	北西、南東	赤
8 日	先勝／戌亥	自分を見つめ直すこと。部屋のプチ模様替えで気分転換して。	西、南東	キャメル
9 月	友引／子丑 重陽の節句	集中力をキープして。カフェのオープンテラスで過ごすと吉。	北東、北西	紫
10 火	先負／子丑	♠人を信用できなくなるかも。夜はホームエステでセルフケアを。	西、北西	紺色
11 水	仏滅／寅卯	こまめに動いて仕事を着実に終わらせて。相談ごとは母親に。	北	黒
12 木	大安／寅卯	♥好きな人に告白してもいい日。花モチーフのアイテムが吉。	南、北東、南西	茶色
13 金	赤口／辰巳	♣人とのつながりからチャンスが。名刺を整理すると運気上昇。	北、南、東	黄緑
14 土	先勝／辰巳	テーブルをきれいに拭き、真ん中に花を飾ると気が整います。	北、南西	クリーム色
15 日	友引／午未	神社で御朱印をもらいましょう。充実感を味わうと開運。	南西	青

16	月	先負／午未 敬老の日	祖父母への贈り物は奮発して。レストランでの食事も◯。	北西、南東	白
17	火	仏滅／申酉 十五夜	少額でも割り勘で支払うこと。手土産は最中を選びましょう。	西、南東	金色
18	水	大安／申酉	★有力者から声がかかるかも。大事なことは日中にすませて。	北東、北西	紫
19	木	赤口／戌亥 彼岸入り	何事も現状維持ができればＯＫ。こまめに水分補給しましょう。	西、北西	水色
20	金	先勝／戌亥	サポートに回ると運気回復。朝活で勉強をするのもおすすめ。	北	黒
21	土	友引／子丑	ラジオのニュースから朗報あり。準備万端なら着手しましょう。	南、北東、南西	碧（深緑）
22	日	先負／子丑 秋分の日	飛行機を利用するといい日。友人と出かけ、グルメも楽しんで。	北、南、東	ペパーミントグリーン
23	月	仏滅／寅卯 振替休日	家族とお墓参りにいきましょう。秋の花をお供えすると◯。	北、南西	キャメル
24	火	大安／寅卯	欲が出ますがよく考えて。シルバーのカトラリーがラッキー。	南西	銀色
25	水	赤口／辰巳 彼岸明け	◆計画的な出費を心がけましょう。紅葉の写真を飾ると運気上昇。	北西、南東	赤
26	木	先勝／辰巳	環境を変えたくても感情は抑えて。交差点に注意しましょう。	西、南東	ピンク
27	金	友引／午未	白黒はっきりつくとき。映画館で新作を観て気分転換を。	北東、北西	ベージュ
28	土	先負／午未	♠悩みが増えそう。オーガニック製品でリラックスしましょう。	西、北西	白
29	日	仏滅／申酉	地道な取り組みがステップアップに。泥つき野菜で料理を。	北	山吹色
30	月	大安／申酉	♥言動に注意。出会いを求めるなら寝室のぬいぐるみは手放して。	南、北東、南西	赤

開始運 2024.10.8 〜 2024.11.6

開運3か条
- 好きな音楽を聴く
- 手土産を準備する
- 柑橘系の入浴剤を使う

テンションを上げて、果敢に挑戦を！

前月に立てた計画を実行に移すときが来ました。気ぜわしくなりますが、一度引き受けたことはやり抜く覚悟を持ち、前進してください。チャンスを逃したくないからと、準備不足なのに見切り発車すると失敗します。環境が目まぐるしく動くので、気持ちが落ち着かず失言をしがち。コミュニケーション能力が高いあなただからこそ、言葉選びには慎重になってください。

また、新しいことを始めるのにも適した運気です。未経験だったスポーツなどに挑戦してみましょう。これまでにない喜びや可能性をみつけられそうです。今月は音に関することにチャンスが隠れています。ラジオを聴きながら家事をしたり、ライブなどに参加したりしてみましょう。イヤホンを使うときは音量に注意を。

10月の吉方位 南、北東、南西

10月の凶方位 北、東、西、北西、南東

この天中殺の人は要注意

戌《いぬ》亥《い》天中殺

いろいろなリクエストに振り回され、孤軍奮《ふん》闘《とう》を強いられます。周囲のサポートは期待できないので、自力でなんとかするしかありません。パソコンをバージョンアップして、対応するようにしましょう。

仕事運

運気の上昇に伴い、仕事にもいい流れがやってきます。職場でのあなたの評価が高まり、リーダーに抜擢されるなどやりがいを感じる場面が多くなりそうです。テンションが上がりすぎて、周囲への気配りを忘れがちに。サポートを受けたら、お礼の言葉を伝えましょう。朝のうちに1日のプランを組んで、効率よく進めると○。

金運

交際費などの支出はありますが、必要なお金はめぐってくる運気。人のために使うお金はいずれあなたに返ってきますが、見栄っ張りもほどほどにしないと貯金まで減らすことになります。ラジオから入ってくる財テク情報を聞き逃さないようにしましょう。

愛情運

※戌亥天中殺の人は恋のアプローチは先にのばして

新しい出会いに恵まれ、恋愛運も華やかです。気になる人には積極的にアプローチしてOK。ゆっくりとわかりやすい言葉で話しかけましょう。出会いが増えるぶん、あまりよくない縁も近づいてくるので気をつけて。パートナーがいる人はコンサートなど音楽を一緒に楽しみましょう。将来のことを話し合うのもいいときです。

10月のおそうじ風水 ▸ テレビ。ホコリをとり、リモコンを拭いて。

日	曜	六曜／天中殺 祝日・歳時記	毎日の過ごし方 ★強運日 ♠要注意日 ♥愛情運 ◆金運 ♣人間関係運	吉方位	ラッキーカラー
1	火	赤口／戌亥	安請け合いはトラブルに。コートを脱ぐタイミングに注意。	北、南、東	銀色
2	水	先勝／戌亥	恋人との関係に暗雲が。戦うのではなく丸く収める努力を。	北、南西	黄色
3	木	先負／子丑	スカーフのコーデで外出して。目上の人と信頼関係を築けます。	南西	水色
4	金	仏滅／子丑	仕事に身を入れること。妊婦さんがいたらケアしてあげて。	北西、南東	白
5	土	大安／寅卯	住宅関連の情報を集めるなら今日。資金も調べること。	西、南東	キャメル
6	日	赤口／寅卯	★窓ガラスを磨き陽光を入れて。ポジティブな感覚になります。	北東、北西	オレンジ
7	月	先勝／辰巳	自分の考えに固執しないこと。安眠のためのアロマを選んで。	西、北西	紺色
8	火	友引／辰巳 寒露	結果が出なくても焦らないで。ビーンズサラダをメニューに。	北	クリーム色
9	水	先負／午未	注目を集めますがトラブルのリスクも。着信音を変えると○。	南、北東、南西	ワインレッド
10	木	仏滅／午未	周囲から誤解されないように。大切なことは会って伝えて。	北、南、東	青
11	金	大安／申酉	責任が増してストレスに。吉方位の神社にお参りしましょう。	北、南西	金色
12	土	赤口／申酉	アウトレットで冬物を買いましょう。名刺入れを新調しても。	南西	白
13	日	先勝／戌亥	◆会食にはおしゃれして出かけて。金運につながるチャンスが。	北西、南東	赤
14	月	友引／戌亥 スポーツの日	ハイキングで頂上を目指しましょう。周囲の流れにのれます。	西、南東	黄色
15	火	先負／子丑 十三夜	忙しくてミスをしがちなので、小さなこともメモをとって。	北東、北西	紫

16	水	仏滅／子丑	♠ストレスを感じるならエステを。自分ファーストで過ごして。	西、北西	水色
17	木	大安／寅卯	全体的にパッとしない日。テラコッタのアイテムを飾ると◯。	北	山吹色
18	金	赤口／寅卯	♥好きな言葉を手帳に書きましょう。恋愛モードになれます。	南、北東、南西	碧（深緑）
19	土	先勝／辰巳	♣目的達成が見えたら笑顔をキープして。幸せを引き寄せます。	北、南、東	ペパーミントグリーン
20	日	友引／辰巳 土用	不用品はフリマアプリに出品して。お小遣い稼ぎになりそう。	北、南西	黄色
21	月	先負／午未	自信過剰は抑えて。ゴールドのアクセをつけて運気の底上げを。	南西	白
22	火	仏滅／午未	対人関係では緊張感を保つこと。秋の味覚を味わいましょう。	北西、南東	赤
23	水	大安／申酉 霜降	早めに帰宅しましょう。食事にはランチョンマットを使って。	西、南東	ピンク
24	木	赤口／申酉	★引き立て運があります。迷わずステージに上がりアピールして。	北東、北西	紫
25	金	先勝／戌亥	目の前の仕事をクリアすればＯＫ。靴下のおしゃれを楽しんで。	西、北西	白
26	土	友引／戌亥	本当に学びたいことがみつかるかも。いいコーチに出会えそう。	北	キャメル
27	日	先負／子丑	新しい趣味を始めて。柑橘系の入浴剤であたたまりましょう。	南、北東、南西	碧（深緑）
28	月	仏滅／子丑	朝起きたら窓を開けて風を通して。素敵なご縁に恵まれます。	北、南、東	黄緑
29	火	大安／寅卯	営業はうまくいかないかも。手を広げすぎず、謙虚な態度で。	北、南西	金色
30	水	赤口／寅卯	リーダーのための勉強会に参加して。パワーがみなぎります。	南西	水色
31	木	先勝／辰巳 ハロウィン	◆話題のスイーツを買ってパーティーを開くと、運気がアップ。	北西、南東	赤

2024
November

11月

開花運　2024.11.7 〜 2024.12.6

開運3か条
- 靴の手入れをする
- ニュースをチェックする
- アドレス帳の整理をする

まわりの協力を得て物事がスムーズに

いろいろな人との出会いが、あなたにチャンスを運んできます。常にスタンバイ状態で、チャンスをつかめるようにしておきましょう。人間関係も大きく広がり、心身ともに充実感に満たされます。ここで得た人脈は今後のあなたの大きな財産になるはず。付き合う相手は慎重に選び、八方美人にならないように注意してください。お付き合いが広がるぶん、気疲れしてしまうかも。疲れを感じたらハーブティーでリラックスしましょう。

今月は遠方からの知らせを受け取ることになるかもしれません。その中にはさまざまなチャンスが隠れています。友人・知人とはこまめに連絡をとるといいでしょう。玄関には余分なものを置かず、よい運気がスムーズに入ってくるように心がけてください。

11月の吉方位	北、南
11月の凶方位	西、北東、北西、南東、南西

この天中殺の人は要注意

戌《いぬ》亥《い》天中殺

スキャンダルに見舞われそう。過去のトラブルも蒸し返されそうです。天中殺はメンタルトレーニングのひとつと考え、冷静な姿勢でいること。お年寄りを大切にして運気の貯金を心がけて。

仕事運

※戌亥天中殺の人は積極的なアプローチはしないほうが○

あなたの能力が評価され、よい変化がもたらされます。周囲のサポートを得て、新しい案件に挑戦するとスムーズに進むでしょう。まとめ役を買って出れば、ステップアップも期待できます。人間関係が幸運の鍵を握っているので、チームワークを大切にしてください。靴を丁寧に磨くと、交渉ごとがうまくいきます。

金運

交際費が増えているなら、それは運気の波にのっている証拠。人に喜んでもらうことにお金を使うと、金運の後押しになります。自分へのご褒美を買ってもOKですが、見栄を張るための買い物にならないように気をつけましょう。お金の貸し借りはしないで。

愛情運

※戌亥天中殺の人は新しい出会いは先にのばして

人との交流が活発になるので、多くの出会いに恵まれます。社交的なあなたには、大きなチャンスになりそう。飲み会や合コンに誘われたら、できるだけ参加しましょう。友人や知人に理想のタイプを伝えておくのもおすすめですが、大風呂敷は広げないこと。パートナーのいる人は、日本文化に触れる旅に出かけて。

11月のおそうじ風水 ▶ **木製家具。水拭きの後、引き出しの中も掃除。**

日	六曜／天中殺 祝日・歳時記	毎日の過ごし方 ★強運日 ♠要注意日 ♥愛情運 ◆金運 ♣人間関係運	吉方位	ラッキーカラー
1 金	仏滅／辰巳	自分を見つめ直し気持ちをリセット。バッグの中を整理して。	西、南東	黄色
2 土	大安／午未	★気力・体力ともエネルギー満タン。スポーツ観戦をすると吉。	北東、北西	オレンジ
3 日	赤口／午未 文化の日	内面の充実が大事。どこかに行くときは裏門から出入りして。	西、北西	水色
4 月	先勝／申酉 振替休日	本調子ではないかも。ファブリック類を冬物に替えましょう。	北	クリーム色
5 火	友引／申酉	咄嗟《とっさ》の思いつきで動くと失敗に。コンサバファッションが吉。	南、北東、南西	ワインレッド
6 水	先負／戌亥	出会いのぶんトラブルも増えます。アドレス帳を整理して。	北、南、東	ペパーミントグリーン
7 木	仏滅／戌亥 立冬	静寂には発展のチャンスもあります。スリや忘れ物に注意を。	北、南西	黄色
8 金	大安／子丑	自己アピールはＮＧ。相手の喜ぶ顔を想像して手土産を選んで。	南西	銀色
9 土	赤口／子丑	◆友人と楽しい時間を過ごせます。趣味を充実させると◯。	北西、南東	白
10 日	先勝／寅卯	慎重な舵とりが必要。高台にあるカフェで過ごすとラッキー。	西、南東	ピンク
11 月	友引／寅卯	メールマガジンをチェックして。お得な情報が入っていそう。	北東、北西	ベージュ
12 火	先負／辰巳	♠プレゼンには向かない日。川沿いを散歩しリフレッシュして。	西、北西	紺色
13 水	仏滅／辰巳	怠《なま》け心は禁物です。陶器に根菜や豆料理を盛るとパワー回復。	北	黒
14 木	大安／午未	♥アップテンポなビートで気分を上げて。良縁に恵まれます。	南、北東、南西	茶色
15 金	赤口／午未 七五三	♣上品な大人のマナーを身につけ、チャンスを生かしましょう。	北、南、東	銀色

16	土	先勝／申酉	大きな買い物は避けましょう。サブスクやレンタルも検討を。	北、南西	金色
17	日	友引／申酉	通販コスメにツキあり。貯めたポイントも上手に使って。	南西	青
18	月	先負／戌亥	仕事をおろそかにしないこと。歯科医院でクリーニングを。	北西、南東	赤
19	火	仏滅／戌亥	無理は禁物です。スタッキングアイテムを取り入れると◯。	西、南東	黄色
20	水	大安／子丑	★少々のリスクなら挑戦してみて。幸せはまわりにおすそ分けを。	北東、北西	オレンジ
21	木	赤口／子丑	朝起きたら白湯《さゆ》を。仕事は早めに切り上げ家族と過ごして。	西、北西	紺色
22	金	先勝／寅卯 小雪	脇役に徹したほうがいい日。おでんであたたまりましょう。	北	山吹色
23	土	友引／寅卯 勤労感謝の日	派手な行動は控えて。落語を聴いて、知的好奇心を刺激して。	南、北東、南西	茶色
24	日	先負／辰巳	キャッシュレス決済分をチェック。噂話には加わらないで。	北、南、東	黄緑
25	月	仏滅／辰巳	周囲の意見や年配者のアドバイスは聞いて。丸く収まります。	北、南西	クリーム色
26	火	大安／午未	買い物で予算オーバーしそう。シルバー製品を磨きましょう。	南西	水色
27	水	赤口／午未	◆包丁を研ぐと思考がシャープになり、金運がアップします。	北西、南東	白
28	木	先勝／申酉	何かを引き継ぐことになるかも。いくらの醤油漬けを食べて。	西、南東	黄色
29	金	友引／申酉	焦燥感に駆られたら外に出て深呼吸を。冒険は控えること。	北東、北西	オレンジ
30	土	先負／戌亥	♠不安材料が消えないかも。温泉で疲れた心身を癒しましょう。	西、北西	紺色

静運　2024.12.7 〜 2025.1.4

（開運3か条）
- 不用品の処分をする
- 発酵食品を食べる
- 欲張らない

※家族との絆を深めるように心がけて

師走の慌ただしさもあり、なかなか思うように物事が進みません。何事も受け身で対応し、周囲のアドバイスに耳を傾けてください。忘年会やクリスマスパーティーのお誘いはなるべく遠慮して、家族と過ごす時間を大切にしましょう。特に身内にはわがままを言いがちなあなたですが、今月は家族の気持ちを受け止めることを優先して。また、新しいことには手を出さず、不用意な行動も慎んでください。軽率な行動が、思いがけないトラブルにつながる可能性があります。

不用品の整理をして、少し早めに大掃除に取りかかりましょう。冷蔵庫内の掃除や、植物の手入れも忘れないように。クリスマスや年末は家族や親しい人と過ごして。子どもへのプレゼントは、欲しがる物をあげましょう。

12月の吉方位　北、南西

12月の凶方位　南、東、西、北東、北西、南東

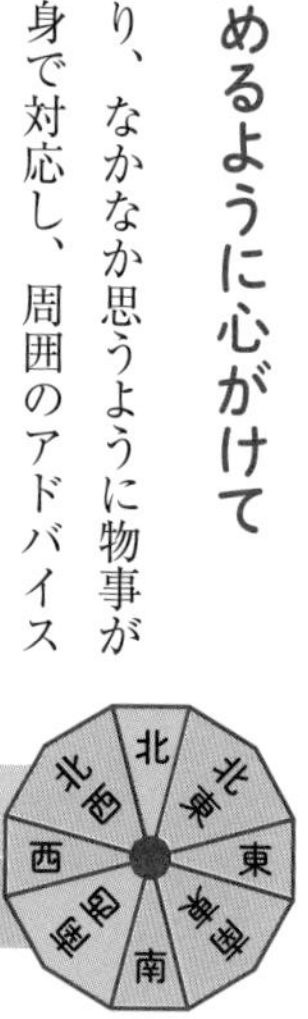

この天中殺の人は要注意

子《ね》丑《うし》天中殺

年末を迎え、生活のリズムが崩れます。忘年会やクリスマスパーティーで知り合った人とは一定の距離を保って。また、メールの誤送信に注意してください。待ち合わせは余裕をもって行動すること。

仕事運

思い通りにならないと感じることが多くなります。不用意に行動したり、新しいことに着手したりするのは控えましょう。アドバイスは謙虚に聞き、仕事を頼まれたら気持ちよく引き受けてください。予定を詰め込みすぎず、段取りよく進めることが大切。デスクまわりの片づけも早めに着手し、年末に慌てないようにしましょう。

金運

クリスマスや忘年会などの出費が増えます。年末セールなどで購買意欲をそそられるかもしれませんが、衝動買いはNG。収支のバランスを崩さないよう、計画的に使いましょう。不用品をリサイクルに出すなどして、部屋を片づけることが金運を守ります。

愛情運

※子丑天中殺の人は新しい出会いは先にのばして

気持ちが安定志向になり、結婚願望が強くなります。新しい出会いは期待できませんが、信頼できる人からの紹介なら会ってみるのはいいでしょう。ただし判断力が鈍っているので、慎重になってください。パートナーがいる人は穏やかな気持ちで過ごせます。順調な交際が続いているなら、結婚話が浮上するかもしれません。

12月のおそうじ風水 ▸ **観葉植物。葉っぱを拭き、植木鉢もきれいに。**

日	曜日	六曜／天中殺 祝日・歳時記	毎日の過ごし方 ★強運日 ♠要注意日 ♥愛情運 ◆金運 ♣人間関係運	吉方位	ラッキーカラー
1	日	大安／戌亥	お稽古ごとやアルバイトなどを始めて。地道な努力が大事。	北	山吹色
2	月	赤口／子丑	♥ お気に入りの音楽で起きましょう。計画を行動に移して。	南、北東、南西	赤
3	火	先勝／子丑	♣ 友人と食事しておしゃべりを楽しんで。運に弾みがつきます。	北、南、東	青
4	水	友引／寅卯	来年のスケジュール帳を選んで。エコ商品を買うとラッキー。	北、南西	黄色
5	木	先負／寅卯	クラウドファンディングで誰かの夢を応援すると運気好転。	南西	銀色
6	金	仏滅／辰巳	会食では食事のマナーを守ること。新しい世界が広がります。	北西、南東	金色
7	土	大安／辰巳 大雪	大きな買い物は避けましょう。収支のバランスを崩さないで。	西、南東	ピンク
8	日	赤口／午未	★ 運が味方をしてくれるので、積極的にチャレンジしてOKです。	北東、北西	紫
9	月	先勝／午未	エネルギーは低め。オーガニックフードで心身を癒して。	西、北西	白
10	火	友引／申酉	洗い物をすませてから出かけましょう。仕事は選ばないこと。	北	黒
11	水	先負／申酉	年下の人と話す機会がありそう。いいアイデアを思いつくかも。	南、北東、南西	碧（深緑）
12	木	仏滅／戌亥	美容院でヘアスタイルを変えましょう。人脈が実を結びます。	北、南、東	ペパーミントグリーン
13	金	大安／戌亥	先輩のアドバイスには従うこと。謙虚な態度をキープして。	北、南西	金色
14	土	赤口／子丑	新しい動きがあっても、やるべきことを先延ばしにしないで。	南西	白
15	日	先勝／子丑	◆ 計画的な出費を心がければ金運は順調。自己投資もおすすめ。	北西、南東	赤

16	月	友引／寅卯		スケジュール調整が鍵になる日。朝、テーブルに花を飾って。	西、南東	キャメル
17	火	先負／寅卯		明暗が分かれます。忙しいからと信号を無視しないように。	北東、北西	紫
18	水	仏滅／辰巳	♠	慎重に動いてトラブル回避を。明るいネイルで気分を上げて。	西、北西	水色
19	木	大安／辰巳		計画は一進一退。ベッドまわりやソファの下を掃除すると○。	北	黒
20	金	赤口／午未	♥	ひらめきを信じて、好きな人のためのプレゼントを選んで。	南、北東、南西	ワインレッド
21	土	先勝／午未 冬至	♣	かぼちゃを食べ、ゆず湯に浸かり、邪気を祓いましょう。	北、南、東	黄緑
22	日	友引／申酉		冷蔵庫の食品を整理しましょう。夕食はデリバリーのピザで。	北、南西	キャメル
23	月	先負／申酉		早めに出かけて。自分へのご褒美にハイブランドを買ってＯＫ。	南西	水色
24	火	仏滅／戌亥 クリスマス・イブ		レストランでディナーを楽しんで。華やかな雰囲気が開運に。	北西、南東	黄色
25	水	大安／戌亥 クリスマス		家族とのおうちクリスマスなら、ローストビーフを食べましょう。	西、南東	金色
26	木	赤口／子丑		不用品を整理してから掃除しましょう。机の下も片づけて。	西、南東	キャメル
27	金	先勝／子丑	◆	浮かれ気分は抑えて仕事に集中。歯ブラシを新調すると○。	北西、南東	赤
28	土	友引／寅卯		書斎やパソコンなど仕事関連のものを整理し、プラス思考に。	南西	白
29	日	先負／寅卯		静寂に包まれるような日。家でゆっくり家族と過ごすこと。	北、南西	クリーム色
30	月	仏滅／辰巳		引き出しの整理をしましょう。宅配便の受け取りは確実に。	北、南、東	ペパーミントグリーン
31	火	赤口／辰巳 大晦日	♥	年越し蕎麦を食べたりテレビを観たり、愛に満ちた大晦日を。	南、北東、南西	碧（深緑）

COLUMN 3

～2024年のラッキーフード～

柑橘類と酸味でエネルギーチャージを

2024年全体のラッキーフードは柑橘類や酸味です。みかんやオレンジ、レモン、お酢、梅干しを毎日の食生活に取り入れましょう。たとえばレモンならレモンティーや、サラダに添えるだけでもOK。梅干しのおにぎりも手軽でおすすめです。また、桃は邪気を祓うので旬の時期に食べましょう。

フルーツには旬があるので、フレッシュなものが手に入らないときは、写真やポストカード、イラストなどを目に入る場所に飾っておくのもいいでしょう。若々しいエネルギーに包まれる2024年ですから、ラッキーフードで体にパワーを取り入れてください。

第5章 九星別の相性の法則

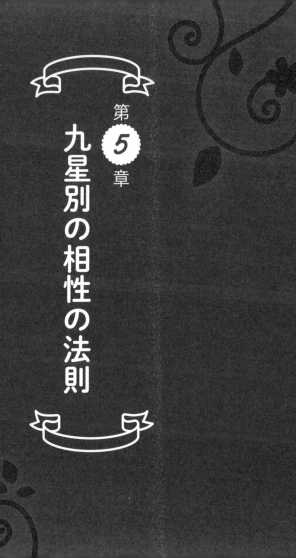

相性の法則

運気通りに過ごせば、相性のよい人たちを引き寄せます

幸せな人生を送るためには、相性はとても大切なものです。相性と運気は深くかかわっています。運気通りに過ごしていれば、周囲には自分と相性のいい人たちが自然と集まってきます。

また、相性が合わない人と出会ったとしても、互いに認め合える面だけで上手に付き合っていくことができるのです。

ユミリー風水では、厳密にいうと4つの要素で相性を見て総合的に判断していますが、本書では人生の基本となる生まれ年の星（カバー裏参照）、つまりライフスター同士の相性を見ていきます。

ライフスターの相性がいいとは、長い時間を一緒に過ごす住まいや職場での営みが

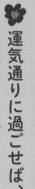

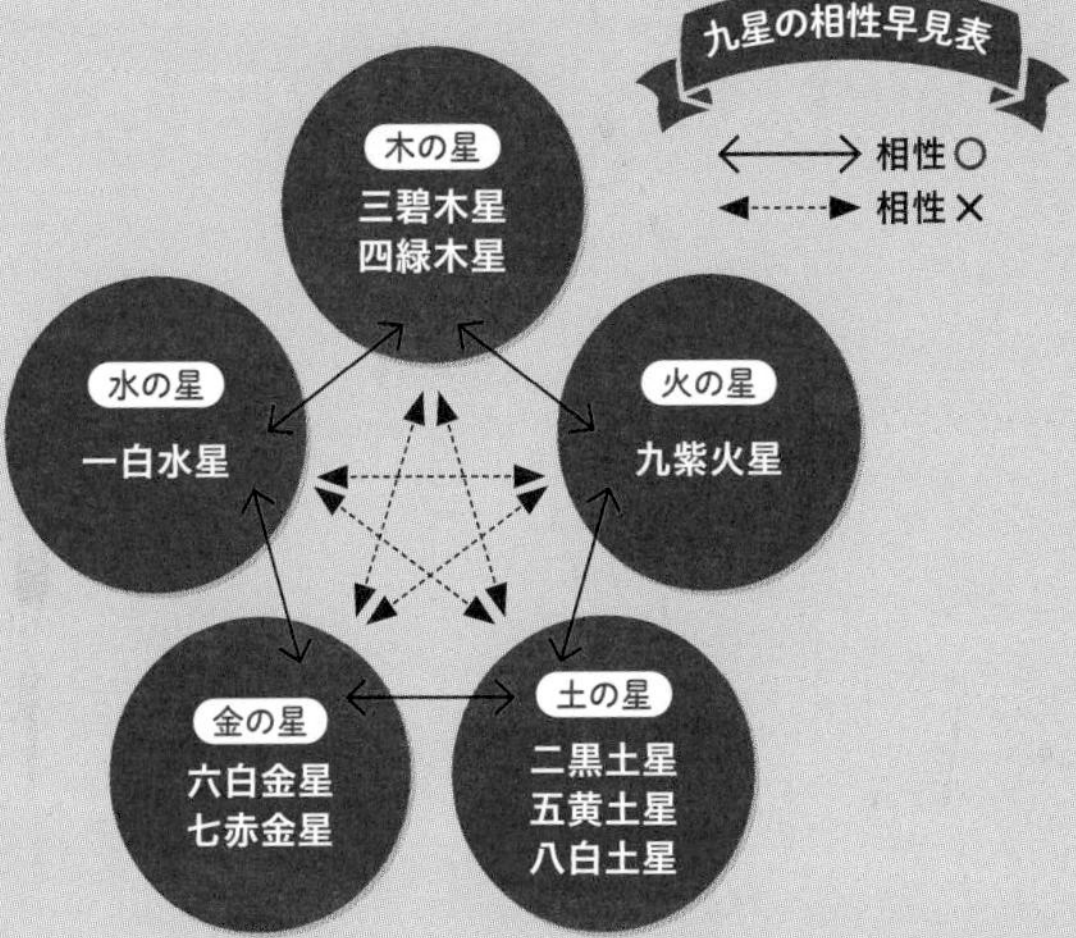

合うということを意味します。相性がいいと自分の気持ちや考え方がすんなりと相手に伝わるので、相手も理解、思いやり、感謝、愛情、親切といったものを返してくれます。逆に、相性が悪い場合は、125ページで相性が合わない場合の対処法を紹介しているので、ぜひ参考にしてください。

上の図は、ライフスター同士の相性をあらわした図です。風水の五行という考え方を取り入れ、9つのライフスターを五行に分け、相性を見ています。隣り合う星同士は相性がよく、向かい合う星同士は相性が悪いということになります。

（木の星）　（水の星）

四緑木星 と 一《いっ》白《ぱく》水《すい》星《せい》

一白は水の星。四緑が立派な木立ちとなり、森林に成長するまで、一白はたくさんの水を与え続けます。

相性○

恋愛

わがままな四緑の言うことにいつも従うのは一白。一白は四緑の気ままな言動にも柔軟に応えてくれます。優柔不断な四緑にとって、一白は頼りになる存在です。迷ったときは適切なアドバイスをしてくれます。

夫婦

愚《ぐ》痴《ち》をこぼし合える関係です。妻が四緑、夫が一白のほうがうまくいきます。友だちの多い四緑は、無理に一白を自分の人間関係に巻き込まないようにすること。

友人

考えてばかりで、なかなか行動に移さない四緑に、一白は辛抱強く付き合ってくれます。一白を立てるようにすれば、信頼度も高まります。

仕事

お人好しの四緑が持つよい面を、一白が引き出してくれます。一白から悩みを打ち明けられたら聞き役に徹するのが、よい関係を築くコツです。

一白水星の2024年

2024年は開始運の年。何かを始めるにはぴったりの時期です。行動的になると気分も前向きに。やりたいことにチャレンジして。

（木の星）　　（土の星）

四緑木星 と 二《じ》黒《こく》土《ど》星《せい》

二黒は土の星。樹木を象徴する四緑は、土の養分で成長します。
二黒は養分を与えすぎて、やせた土になってしまいます。

相性×

恋愛

八方美人で人がいい四緑に、二黒が尽くす関係です。まじめで不器用な二黒は、わがままな四緑に振り回され、ストレスをためます。四緑はいいかげんな態度をとらないようにし、二黒は四緑の行動を理解する努力を。

夫婦

四緑が夫で、二黒が妻という関係なら、なんとかうまくいくでしょう。四緑は不器用な二黒へあまりたくさんの注文をつけず、誠実に思いやることが大切です。

友人

最初は二黒のまじめさを魅力的に感じますが、一緒に楽しく遊ぶにはそれぞれタイプが違いすぎます。文句を言わない二黒を都合よく使わないこと。

仕事

お互いにない部分を補い合うことで、うまくやっていけます。ただし、上司が二黒の場合は、四緑は軽はずみな言動を慎むことです。我慢強い二黒を怒らせると大変なことに。

二黒土星の2024年

これまでの行動や努力の成果が見えはじめる開花運の年。人付き合いも活発になりますが、トラブルにならないように注意して。

（木の星）　　（木の星）

四緑木星 と 三《さん》碧《べき》木《もく》星《せい》

木の星同士で、お互いに成長するために必要なものを与え合う関係ではありません。でも成長する土俵は同じです。

相性○

恋愛

感覚が似ているので、喜怒哀楽を同じように受け止め、消化していけるよきパートナーです。初対面でも意気投合できるはずです。軽はずみなところがある三碧を、四緑がフォローしてあげて。

夫婦

どちらも計画的に物事を進めていくようなタイプではありません。お互いがどのようにフォローするのか、生活の中での役割分担を決めておくといいでしょう。

友人

なんでも気軽に話せる相手です。おしゃべりな三碧の無神経なひと言は、四緑が寛容《かんよう》な気持ちで許してあげるようにしてください。

仕事

四緑の行動力と、三碧の理論でお互いを補うことができるすばらしい関係になります。理解し合える力強いパートナーとなるでしょう。

三碧木星の2024年

運気の波がいったん止まる静運の年。新しいことを始めるよりも、生活習慣を見直したり家族と過ごしたりして余裕をもった生活を心がけて。

（木の星） （木の星）

四緑木星 と 四緑木星

木の星同士で、個々に成長していく対等な関係です。
交際範囲は広いので、人が人を呼ぶ相性になります。

相性○

恋愛

波風の立たない安定した関係が築けます。価値観が一緒なので、新鮮味はないかもしれませんが、大きなトラブルもありません。人が多く集まるのはいいのですが、そのせいで気が乱れやすくなります。ふたりの時間を多く作りましょう。

夫婦

大きな波風もなく、落ち着いた夫婦関係が築けます。どちらも優柔不断なので、大きな決断を相手まかせにしないように。逆境に耐える強さを持てるようにしてください。

友人

欲求や行動が同じため、調子にのると抑制が利かなくなることもあるので気をつけて。面倒なことを相手に押しつけないようにしましょう。

仕事

お互いに協力すれば、それなりの成果をあげられるはず。四緑はアイデア力があっても、実務面が弱いので、それを克服する努力が必要です。

四緑木星の2024年

2024年は運気が上向きになる結実運の年です。仕事で望むような活躍ができ、心身ともに充実しそう。社会的地位を固めて。

（木の星）　　　　（土の星）

四緑木星 と 五《ご》黄《おう》土《ど》星《せい》

樹木を象徴する四緑は、腐葉土《ふようど》である五黄の養分をどんどん吸い取っていきます。気がつくと五黄はやせた土に。

相性×

恋愛

優柔不断な四緑にとって、決断力のある五黄は頼もしいパートナーになります。でも、感性が違い、本質的には合いません。ケンカをしても土俵が違うので、着地点がなかなかみつかりません。四緑のほうから謝ること。

夫婦

理解し合う夫婦になるには、時間が必要です。夫が四緑で、妻が五黄なら、そこそこうまくやっていけるでしょう。四緑がワンマンな五黄を認めることが大切です。

友人

適度な距離感が必要です。一緒に旅行をするのは、つらいかもしれません。ときどき会う遊び仲間の関係なら、楽しくやれるでしょう。

仕事

相手のすぐれた能力をそれぞれが認め合うことが大切。柔軟性のある四緑が、主導権を握ろうとする五黄に合わせていくことが必要です。

五黄土星の2024年

実り豊かな金運の年です。満ち足りた気分を味わうことができそう。2024年は人との交流の場にはできるだけ参加して。

（木の星）（金の星）

四緑木星 と 六《ろっ》白《ぱく》金《きん》星《せい》

六白は竜巻のような激しい気流を象徴する星。木の四緑が、竜巻の六白になぎ倒されてしまうという関係です。

相性×

恋愛

価値観はなかなか一致しません。エネルギッシュな言動についていく覚悟が四緑にあれば、関係は安定します。六白は自尊心が強く、命令されることが大嫌い。六白を持ち上げて、気分よくさせてあげることがよい関係を保つポイントです。

夫婦

四緑が面倒見のいい六白に上手に甘えて、頼りにしている気持ちをあらわすとうまくいきます。夫が六白で妻が四緑ならそこそこうまくやっていけるでしょう。

友人

意見の食い違いは当たり前だと考えること。相手を認め、共通点を探していくようにしてください。四緑は六白を頼るようにして。

仕事

六白のプライドを傷つけないように注意してください。特に六白が上司なら、礼儀正しい対応が大切です。六白のプライドを満足させること。

六白金星の2024年

ひと区切りがつく改革運の年です。周囲に変化があるかもしれませんが、慌てずに落ち着いて。努力を継続することが大切です。

（木の星）　　（金の星）

四緑木星 と 七《しち》赤《せき》金《きん》星《せい》

七赤は夜空にある金の星です。四緑は大地に根づき、七赤は空で輝いているため、近づくことができません。

相性×

恋愛

お互いに社交的なので、第一印象はいいでしょう。でも、本質的な部分が異なるので、ささいなことでお互いに失望しがち。プライドの高い者同士なので、ケンカをしたら、どちらかが譲《ゆず》る気持ちを持たないとなかなか収拾がつきません。

夫婦

不満を抱いたらそのままにしないで、そのつど解決していくことが、うまくやっていく秘訣です。妻が四緑で、夫が七赤なら、そこそこうまくやっていけるでしょう。

友人

関係をキープするには、「親しき仲にも礼儀あり」を忘れずにいることが大切です。四緑の冷淡さに、七赤が言葉で応酬《おうしゅう》することになりがちです。

仕事

何事にもペースが異なり、お互いにやりにくい相手かもしれません。四緑がプライドの高い七赤をサポートする側に回ると、スムーズに仕事を処理できます。

七赤金星の2024年

運気が頂点に達する頂上運の年。周囲からの注目度も高くなり、実力が認められる年です。新しいことにチャレンジするのも○。

（木の星） （土の星）

四緑木星 と 八《はっ》白《ぱく》土《ど》星《せい》

八白の山から、養分をどんどん吸い取る四緑。
八白をやせて低い山に変えてしまうという相性になります。

相性×

恋愛

お互いに親しみを感じることはありません。四緑は、献身的に尽くしてくれる八白の誠意を当然と思いがちです。四緑が八白への感謝の気持ちを忘れずにいることが、関係を続ける大事なポイントになります。

夫婦

お互いに束縛しないことが、長続きの秘訣です。夫が四緑で、妻が八白ならほどほどの相性。四緑が気まぐれな行動や態度をとりすぎると、八白を失望させてしまうことに。

友人

無理に距離を縮めようとしないこと。八白はメリットがないとなかなか動かないタイプなので、それが嫌ならライトなお付き合いにとどめて。

仕事

営業センスのある四緑のアイデアを、バイタリティーあふれる八白が形にしていく関係がベスト。お互いのセンスや能力を認め合うことが大切です。

八白土星の2024年

季節でいえば真冬にあたる停滞運の年です。新しいことを始めるには向きません。心と体をゆっくり休めるのに適しています。

（木の星）　　（火の星）

四緑木星 と 九《きゅう》紫《し》火《か》星《せい》

九紫は太陽の星。さんさんと光を注いでくれる九紫の太陽は、木の四緑が成長していくうえで欠かせない存在です。

相性〇

恋愛

理解し合える部分が多く、惹かれ合います。感覚が合うので、とてもいい関係が築けます。でも、四緑の八方美人な性格、九紫の飽きっぽさが出てくると赤信号。共通の趣味や目的を持ち、こまめに連絡をとり、一緒に行動しましょう。

夫婦

食卓で毎日の出来事を話し合い、仕事中もメールなどでこまめにコンタクトをとるようにすると絆が深まります。夫が四緑で、妻が九紫なら理想的です。

友人

会話も弾み、遊び相手としては最適です。感覚やセンスも共感できる部分が多く、一緒にいると刺激し合える友人関係になります。

仕事

こだわる部分は異なりますが、共通の目的があれば強力なコンビになります。なかなか決断できない四緑が九紫からサポートを得る関係がベストです。

九紫火星の2024年

冬眠から目覚めて、活動を始める基礎運の年。基礎固めの時期にあたるので目標をしっかり定め、コツコツと努力を積み重ねましょう。

相性が合わないとき

ライフスターの相性は、毎日の営みにおける相性です。
相性が合わないのにいつも一緒だと、より摩擦が大きくなります。
自分の世界を持ち、適度な距離感を保つことがうまくやっていく秘訣です。

恋愛 同棲は避けましょう

家で夫婦のようにまったり過ごすより、デートをするなら外へ出かけたり、グループで楽しんで。いつもベッタリは控え、同棲は避けましょう。結婚間近なら、お互いに仕事を持って暮らしていけるように努力して。

夫婦 仕事や趣味を充実

家での生活にあまりにも強い執着があると、ふたりの間の摩擦がより大きくなります。夫婦の場合、共働きをしている、お互い趣味や習いごとがあるなど、自分の世界を持っていればうまくいくケースが多いのです。

友人 礼儀を忘れずに

プライベートな部分に土足で入っていくことはしないようにしましょう。親しき仲にも礼儀ありの心がけがあれば、長続きします。価値観が異なるので、相手からの相談には意見を言うよりも聞き役に回って。

仕事 感情的な言動は控えて

もともと物の見方や感性が異なることをしっかり認識すること。違うのは当たり前だと思えば腹は立ちません。相手の長所をなるべくみつけて。自分と合わないところには目をつぶって、感情的にならないように。

COLUMN 4

～2024年の休日の過ごし方～

自然や音楽を楽しんでリラックス

若草や花に触れる休日の過ごし方がおすすめです。ベランダガーデンを作ったり、アレンジメントフラワーを作って飾ったり。インテリアにグリーンを取り入れるのも忘れずに。

散歩も風水のラッキーアクションですが、特に2024年は並木道がおすすめです。春なら桜並木、秋なら銀杏《いちょう》並木を歩いて。また庭園をゆっくり散歩してもいいでしょう。

コンサートやライブで好きなアーティストの音楽を楽しむのも三碧木星の象意に合っています。家の中でもＢＧＭを流すようにするとよい気に包まれ、リラックスできます。

運を育てるための心得

運気はめぐっている

私たちの人生は、停滞運から頂上運までの9つの運気が順番にめぐってきます。いいときも悪いときも平等にやってきます。悪いときのダメージを少なくするために運気の貯金が必要です。悪いときは貯金を使い、そしてたまった運気は使うと、さらに増やすことができます。衣食住を整えることは毎日の運気の積み立て貯金。**あなたにめぐっている運気に合ったアクションで運気の貯金をしましょう。**また、吉方を生かすことで、運気の貯金をプラスできます。人は毎日の生活の中で、移動しながら活動しています。吉方へ動くことは追い風にのって楽しく移動するということ。今後の発展に影響する運気の貯金ができます。

また、吉方の神社にお参りを続けると、運気の貯金を増やすことができます。日のカレンダーにある吉方位を参考にして運気を貯金していきましょう。

❋9つの運気を理解する

停滞運　季節では真冬にあたるとき。植物が土の中でエネルギーを蓄えるように、春の芽吹きをじっと待つ時期です。思うようにならないと感じることも多くなりますが、**心と体を休めてパワーチャージしてください。**行動的になると、疲れたりトラブルに巻き込まれたりすることも。これまでの行いを振り返り、自分自身を見つめるのにいいときです。

＊運気のため方　掃除や片づけなどで水回りをきれいにして、ゆったりとした時間を過ごしましょう。食生活では上質な水をとるようにしてください。朝起きたら1杯の水を飲み、清々しい気分で1日をスタートさせましょう。

基礎運　冬眠から覚め、活動を開始するとき。自分の生活や環境を見直して、これからの人生の基礎固めをするような時期です。**目標を決め、それに向けた計画を立てましょう。**目の前のことをコツコツこなし、手堅く進んでください。また、この時期は目立つ行動は避け、サポート役に回ったほうが無難です。趣味や勉強など自分磨きには向いているので、学びたいことをみつけ、努力を続けましょう。

＊運気のため方　地に足をつけてしっかり歩ける靴を選びましょう。ガーデニングなどで土に触れると運気の貯金になります。食事は根菜類を取り入れたヘルシー料理がおすすめ。自然を意識した過ごし方で英気を養いましょう。

開始運　季節でいうと春をあらわし、秋に収穫するために種まきをするとき。**物事をスタートさせるにはいいタイミングで、やりたいことがあるならぜひチャレンジしましょう。**行動的になるほどモチベーションも上がり、気持ちも前向きになっていく運気。ただし、準備不足と感じるなら次のチャンスまで待ってください。表面的に華やかなので、ついその雰囲気につられてしまうと、中途半端なまま終わることになります。

＊運気のため方　心地いい音に包まれることで開運します。ピアノ曲をＢＧＭにしたり、ドアベルをつけたりして生活の中に美しい音を取り入れましょう。食事では梅干しや柑橘類など酸味のあるものをとりましょう。

開花運　春にまいた種が芽を出して成長し花を咲かせる、初夏をイメージするときです。これまでの努力や行動に対する成果が表れはじめ、心身ともに活気にあふれます。気持ちも充実し、新たな可能性も出てきそうです。人脈が広がってチャンスにも恵まれますが、出会いのあるぶん、トラブルも起こりやすくなります。**頼まれごとは安請け合いせず、持ち帰って冷静な判断をするようにしてください。**
＊運気のため方　食事は緑の野菜をたっぷりとるようにしましょう。住まいの風通しには気を配ってください。和室でのマナーを守り、美しい立ち居振舞いを心がけて。空間にアロマやお香などいい香りをプラスするとさらに運気が活性化されます。

静運　運気の波が止まって、静寂が訪れるようなときです。動きがなく安定しているので、ひと休みをするべき運気。**新しいことには着手せず、生活習慣を見直したり家の中で家族と過ごしたりするのがおすすめです。**思い通りにならないと感じるなら、スケジュール調整をしっかりしましょう。安定志向になるので、この時期に結婚をするのは向いています。ただし、引越しや転職などは避けてください。
＊運気のため方　この時期は時間にゆとりを持って行動することも大切。文字盤の大きい時計を置き、時間は正確に合わせておいてください。お盆やお彼岸にはお墓参りをし、きれいに掃除をしてください。

結実運　運気が上がり、仕事で活躍できるときです。やりがいを感じ、心からの充実感も味わえるでしょう。**目上の人から信頼を得られるので、自分の力をしっかりア**

ピールして社会的地位も固めましょう。また、新しいことを始めるのにも向いている時期です。真摯に取り組んでさらなる結果を出してください。ただし、何事もやりすぎには注意して。チームとして動くことで夢を実現させましょう。

＊運気のため方　ハンカチやスカーフなど小物は上質なものを選んで。高級感のある装いがさらなる幸運を呼びます。理想を追求していくと、人生もそれに見合った展開になっていくでしょう。名所旧跡を訪ねましょう。

金運　季節でいえば秋。黄金の収穫期を迎え、満ち足りた気持ちを味わうことになるでしょう。これまで努力してきたことが成果となって金運に恵まれます。交友関係も広がり、楽しいお付き合いも増えるでしょう。**楽しむことでいい運気を呼び込むことができるときなので、人との交流の機会は断らないように。**新しい世界が広がって、さらなるチャンスに恵まれます。また、仕事への情熱も高まって金運を刺激します。

＊運気のため方　宝石を身につけましょう。またデンタルケアを大切にしてください。食品の管理、冷蔵庫の掃除などにも気を配ってください。西日が強い部屋は金運を下げます。西側は特にきれいに掃除して、カーテンをかけましょう。

改革運　晩冬にあたる時期です。**家でゆっくり過ごしながら自分を見つめ直す、リ**

セットの時期です。ひと区切りがつくので立ち止まり、自己チェックを！　まわりで変化が起きますが、慌てず落ち着いて対応しましょう。迷ったら慎重になって、ときには断る勇気も必要になってきます。特にお金がからむことには首を突っ込まず、避けるようにしてください。粘り強く努力を続けることが大切です。

＊運気のため方　イメージチェンジがおすすめです。部屋に山の写真や絵を飾ると大きなビジョンで物事を考えることができるようになります。根菜類を料理に取り入れてください。渦巻き模様のアイテムが運気の発展を後押ししてくれます。

頂上運　これまでの努力が実を結び、運気の頂点に達したことを実感できるとき。積極的に動くことで実力が認められ、名誉や賞賛を手にすることができます。充実感もあり、エネルギーも湧いてくるでしょう。新しいことにチャレンジしてもＯＫ。**存在感をアピールして、自分が望むポジションをつかみましょう。**頂上に昇ることは目立つこと！　隠しごとも露見してしまうときです。早めに善処しておきましょう。

＊運気のため方　めがねや帽子、アクセサリーなど小物にこだわったファッションを取り入れましょう。部屋には美術品などを飾り、南側の窓はいつもピカピカに磨いておくと、運気がたまります。キッチンのコンロもこまめに掃除を。

【基数早見表①】1935年〜1964年生まれ

	1月	2月	3月	4月	5月	6月	7月	8月	9月	10月	11月	12月
1935年（昭10）	13	44	12	43	13	44	14	45	16	46	17	47
1936年（昭11）	18	49	18	49	19	50	20	51	22	52	23	53
1937年（昭12）	24	55	23	54	24	55	25	56	27	57	28	58
1938年（昭13）	29	0	28	59	29	0	30	1	32	2	33	3
1939年（昭14）	34	5	33	4	34	5	35	6	37	7	38	8
1940年（昭15）	39	10	39	10	40	11	41	12	43	13	44	14
1941年（昭16）	45	16	44	15	45	16	46	17	48	18	49	19
1942年（昭17）	50	21	49	20	50	21	51	22	53	23	54	24
1943年（昭18）	55	26	54	25	55	26	56	27	58	28	59	29
1944年（昭19）	0	31	0	31	1	32	2	33	4	34	5	35
1945年（昭20）	6	37	5	36	6	37	7	38	9	39	10	40
1946年（昭21）	11	42	10	41	11	42	12	43	14	44	15	45
1947年（昭22）	16	47	15	46	16	47	17	48	19	49	20	50
1948年（昭23）	21	52	21	52	22	53	23	54	25	55	26	56
1949年（昭24）	27	58	26	57	27	58	28	59	30	0	31	1
1950年（昭25）	32	3	31	2	32	3	33	4	35	5	36	6
1951年（昭26）	37	8	36	7	37	8	38	9	40	10	41	11
1952年（昭27）	42	13	42	13	43	14	44	15	46	16	47	17
1953年（昭28）	48	19	47	18	48	19	49	20	51	21	52	22
1954年（昭29）	53	24	52	23	53	24	54	25	56	26	57	27
1955年（昭30）	58	29	57	28	58	29	59	30	1	31	2	32
1956年（昭31）	3	34	3	34	4	35	5	36	7	37	8	38
1957年（昭32）	9	40	8	39	9	40	10	41	12	42	13	43
1958年（昭33）	14	45	13	44	14	45	15	46	17	47	18	48
1959年（昭34）	19	50	18	49	19	50	20	51	22	52	23	53
1960年（昭35）	24	55	24	55	25	56	26	57	28	58	29	59
1961年（昭36）	30	1	29	0	30	1	31	2	33	3	34	4
1962年（昭37）	35	6	34	5	35	6	36	7	38	8	39	9
1963年（昭38）	40	11	39	10	40	11	41	12	43	13	44	14
1964年（昭39）	45	16	45	16	46	17	47	18	49	19	50	20

【基数早見表②】 1965 年～ 1994 年生まれ

	1月	2月	3月	4月	5月	6月	7月	8月	9月	10月	11月	12月
1965年（昭40）	51	22	50	21	51	22	52	23	54	24	55	25
1966年（昭41）	56	27	55	26	56	27	57	28	59	29	0	30
1967年（昭42）	1	32	0	31	1	32	2	33	4	34	5	35
1968年（昭43）	6	37	6	37	7	38	8	39	10	40	11	41
1969年（昭44）	12	43	11	42	12	43	13	44	15	45	16	46
1970年（昭45）	17	48	16	47	17	48	18	49	20	50	21	51
1971年（昭46）	22	53	21	52	22	53	23	54	25	55	26	56
1972年（昭47）	27	58	27	58	28	59	29	0	31	1	32	2
1973年（昭48）	33	4	32	3	33	4	34	5	36	6	37	7
1974年（昭49）	38	9	37	8	38	9	39	10	41	11	42	12
1975年（昭50）	43	14	42	13	43	14	44	15	46	16	47	17
1976年（昭51）	48	19	48	19	49	20	50	21	52	22	53	23
1977年（昭52）	54	25	53	24	54	25	55	26	57	27	58	28
1978年（昭53）	59	30	58	29	59	30	0	31	2	32	3	33
1979年（昭54）	4	35	3	34	4	35	5	36	7	37	8	38
1980年（昭55）	9	40	9	40	10	41	11	42	13	43	14	44
1981年（昭56）	15	46	14	45	15	46	16	47	18	48	19	49
1982年（昭57）	20	51	19	50	20	51	21	52	23	53	24	54
1983年（昭58）	25	56	24	55	25	56	26	57	28	58	29	59
1984年（昭59）	30	1	30	1	31	2	32	3	34	4	35	5
1985年（昭60）	36	7	35	6	36	7	37	8	39	9	40	10
1986年（昭61）	41	12	40	11	41	12	42	13	44	14	45	15
1987年（昭62）	46	17	45	16	46	17	47	18	49	19	50	20
1988年（昭63）	51	22	51	22	52	23	53	24	55	25	56	26
1989年（平1）	57	28	56	27	57	28	58	29	0	30	1	31
1990年（平2）	2	33	1	32	2	33	3	34	5	35	6	36
1991年（平3）	7	38	6	37	7	38	8	39	10	40	11	41
1992年（平4）	12	43	12	43	13	44	14	45	16	46	17	47
1993年（平5）	18	49	17	48	18	49	19	50	21	51	22	52
1994年（平6）	23	54	22	53	23	54	24	55	26	56	27	57

【基数早見表③】 1995年～2024年生まれ

	1月	2月	3月	4月	5月	6月	7月	8月	9月	10月	11月	12月
1995年（平7）	28	59	27	58	28	59	29	0	31	1	32	2
1996年（平8）	33	4	33	4	34	5	35	6	37	7	38	8
1997年（平9）	39	10	38	9	39	10	40	11	42	12	43	13
1998年（平10）	44	15	43	14	44	15	45	16	47	17	48	18
1999年（平11）	49	20	48	19	49	20	50	21	52	22	53	23
2000年（平12）	54	25	54	25	55	26	56	27	58	28	59	29
2001年（平13）	0	31	59	30	0	31	1	32	3	33	4	34
2002年（平14）	5	36	4	35	5	36	6	37	8	38	9	39
2003年（平15）	10	41	9	40	10	41	11	42	13	43	14	44
2004年（平16）	15	46	15	46	16	47	17	48	19	49	20	50
2005年（平17）	21	52	20	51	21	52	22	53	24	54	25	55
2006年（平18）	26	57	25	56	26	57	27	58	29	59	30	0
2007年（平19）	31	2	30	1	31	2	32	3	34	4	35	5
2008年（平20）	36	7	36	7	37	8	38	9	40	10	41	11
2009年（平21）	42	13	41	12	42	13	43	14	45	15	46	16
2010年（平22）	47	18	46	17	47	18	48	19	50	20	51	21
2011年（平23）	52	23	51	22	52	23	53	24	55	25	56	26
2012年（平24）	57	28	57	28	58	29	59	30	1	31	2	32
2013年（平25）	3	34	2	33	3	34	4	35	6	36	7	37
2014年（平26）	8	39	7	38	8	39	9	40	11	41	12	42
2015年（平27）	13	44	12	43	13	44	14	45	16	46	17	47
2016年（平28）	18	49	18	49	19	50	20	51	22	52	23	53
2017年（平29）	24	55	23	54	24	55	25	56	27	57	28	58
2018年（平30）	29	0	28	59	29	0	30	1	32	2	33	3
2019年（令1）	34	5	33	4	34	5	35	6	37	7	38	8
2020年（令2）	39	10	39	10	40	11	41	12	43	13	44	14
2021年（令3）	45	16	44	15	45	16	46	17	48	18	49	19
2022年（令4）	50	21	49	20	50	21	51	22	53	23	54	24
2023年（令5）	55	26	54	25	55	26	56	27	58	28	59	29
2024年（令6）	0	31	0	31	1	32	2	33	4	34	5	35

直居由美里 (なおいゆみり)

京都造形芸術大学「東京芸術学舎・ライフスタイル学科」にて風水講座の講師を経て、2012年より由美里風水塾を開校。環境学の学問として、風水・家相学などを30年にわたり研究し、独自のユミリー風水を確立した。「人は住まいから発展する」というユミリーインテリアサイエンスの理念のもと、風水に基づいた家づくりを提案し、芸能人や各界のセレブにもファン多数。テレビや雑誌、講演会のほか、企業のコンサルタントとしても活躍中。2009年「易聖」の称号を得る。現在YouTubeで「ユミリー風水研究所」として幸運な人生の送り方を発信中。

YouTube　https://www.youtube.com/@user-zr9kk1be9j

公式HP　http://www.yumily.co.jp

波動表に基づいた運勢やアドバイスを毎日更新中! (携帯サイト)

『直居ユミリー恋愛♥風水』　https://yumily.cocoloni.jp

『ユミリー成功の法則』　https://yms.cocoloni.jp

ブックデザイン　フレーズ

カバーイラスト　押金美和

本文イラスト　レミイ華月

編集協力　テクト・パートナーズ、メイ

撮影　市川勝弘

ヘアメイク　今森智子

衣装協力　YUKI TORII INTERNATIONAL

九星別《きゅうせいべつ》ユミリー風水《ふうすい》
2024
四緑木星《しろくもくせい》

2023年　8月10日　第1刷発行

著　者　直居由美里《なおいゆみり》

発行者　佐藤 靖

発行所　大和《だいわ》書房

東京都文京区関口1-33-4

電話　03-3203-4511

本文印刷　光邦

カバー印刷　歩プロセス

製本所　ナショナル製本

ISBN978-4-479-31043-3

https://www.daiwashobo.co.jp

特別付録

願いを叶えるお守りカード

四緑木星

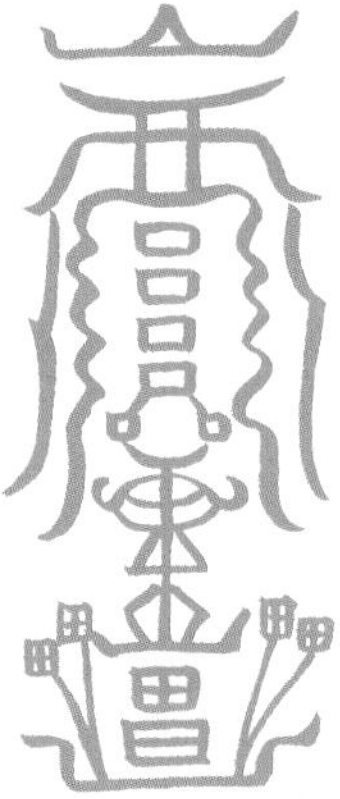

護符を毎日眺めてください。または点線で切り取り、
誰にも見えないように、いつも持ち歩くものに入れておきましょう。
願いは、いくつでもかまいません。